黑龙江古代玉器

黑龙江省文物考古研究所 李陈奇 赵评春 / 著

文物出版社

协作单位及人员

黑龙江省文物博物馆学会
王珍珍　孙长庆　盖立新

黑龙江省博物馆
郑秀山　刘晓东　王秀文　李　玲　李秀兰　田　华

哈尔滨市文物管理站
刘云才　王　冰　崔巧凤　韩　伟　李　斌　贾英哲

阿城金上京历史博物馆
刘学颜　郭连平　赵国华　张晓梅

阿城文物管理所
景晓龙　周玉香　杨　力　王忠山　才大泉

延寿县文物管理所
孙春梅

依兰县博物馆
王建军　高国军

齐齐哈尔市文物管理站
王　胤　辛　健　许继生

齐齐哈尔市博物馆
徐晓慧

讷河市文物管理所
王　怡

泰来县博物馆
李晓达　鞠桂玲　刘德珍

齐齐哈尔市昂昂溪遗址博物馆
马利民　项首先

嫩江县博物馆
佟永新

黑河市文物管理委员会
潘忠林　于东升

黑龙江省文物考古研究所黑河市分所
张　鹏　查云玲

黑河市瑷珲历史陈列馆
陈会学　时耀光

五大连池市文物管理所
才丽波

逊克县文物管理所
于　生

黑河市博物馆
俞　平

绥滨县文物管理所
王治国

绥化市文物管理站
孙丽丽　董庆鹏

鸡西市文物管理站
常志强

鸡西市博物馆
袁文祥

双鸭山市文物管理站
王学良　黄震亚

宝清县文物管理所
李霄峰

集贤县文物管理所
张　丹

杜尔伯特蒙古族自治县博物馆
王　存

黑龙江省文物考古研究所
张　伟　金太顺　赵永军　赵哲夫　王世杰　赵志忠
徐秀云　孙雪松　邹　健

其他
阴祖强　梁潇霏

目 录

概　述

　　黑龙江省地处中国东北边陲，属于多民族聚居的地区。早在旧石器时代晚期，黑龙江地区就有了古人类活动的足迹。新石器时期、青铜时代、铁器时代的文化遗存几乎遍布黑龙江各个地区。据文献记载，黑龙江地区在历史上曾是肃慎、夫余、东胡等民族及其后裔劳动、生息、繁衍的地方。早在先秦时期，西部地区就已出现文明因素。汉魏时期，东部地区七星河流域出现了众多的山城或带有防御功能的大型聚落，一般认为，这标志着黑龙江地区早期邦国社会的形成。7世纪末，土著靺鞨族建立了隶属于唐王朝的地方民族政权——渤海国，定都于忽汗水（牡丹江）之畔的上京龙泉府（今宁安市渤海镇）。12世纪初，本土女真族完颜部建立大金国，定都于按出虎水（阿什河）之滨的上京会宁府（今阿城南郊白城）。元明时期，这里主要是女真人的传统故地。清代以来，又有汉、满、蒙、达斡尔、赫哲、鄂伦春、鄂温克、朝鲜、柯尔克孜、锡伯、回等民族共同生活在白山黑水之间。在漫长的岁月中，各族人民创造了灿烂的历史文化，留下了丰富的古代文化遗产，其中包括一批珍贵的玉器。

一、各地出土玉器概况

　　黑龙江省新石器时期玉器的主要出土地点，东部地区有饶河县小南山墓葬[1]、鸡西市刀背山墓地[2]、依兰倭肯哈达洞穴墓葬[3]，中部地区有庆安县勤劳镇莲花泡遗址、尚志市亚布力遗址[4]，西部地区有齐齐哈尔昂昂溪遗址[5]、滕家岗子墓葬、杜尔伯特蒙古族自治县烟筒屯镇新合村墓葬[6]、肇源县肇源农场遗址等。上述出土玉器的年代约为距今7000～4000年。如分早晚两期的话，小南山墓葬、刀背山墓地、莲花泡遗址与亚布力遗址大致可归为早期，约距今7000～6000年；其余归为晚期，约距今5000～4000年。据不完全统计，黑龙江省出土的新石器时代玉器近150件，本书收录其中有代表性的器物47件。

先秦时期的玉器收录8件，其中西部地区讷河市嫩江沿岸的库勒浅墓地出土5件，东部地区的鸡东县永和镇长安村白土坑遗址采集品3件。

汉魏时期的玉器收录9件，主要出土于东部地区，包括双鸭山滚兔岭城址、宝清县夹信子乡光辉村遗址、友谊县凤林城址等。其中泰来县的墨玉神面连雷纹镯是征集品，对其年代等的认定，是根据玉器本身的加工工艺、纹饰特点等作出的判断。2件汉代玉锛由现任集贤县县委书记华泽贵先生捐赠，据介绍系其父辈于宝清县东兴乡遗址采集，现藏于集贤县文物管理所。

唐代玉器收录7件，其中宁安市渤海时期遗址与墓葬出土5件，绥滨金代墓葬出土1件[7]，另1件红玛瑙立马摆件为征集品。目前能够认定的辽代玉器，主要是黑河卡伦山辽代生女真墓葬墓主的随身佩饰，经挑选收录了一对红玛瑙灯笼形六棱珠。作为女真人创建大金国的肇兴之地，在本地区发现的金代玉器较多，为黑龙江古代玉器之大宗。其主要出土于各地墓葬，本书收录了金代玉器58件（套），其中阿城巨源金代齐国王墓10件[8]、哈尔滨新香坊金代贵族墓4件、绥滨中兴以及奥里米墓群8件、依兰金代墓葬8件、讷河九井乡和逊克县边疆乡鹿场金代遗址2件，余皆为金上京等地博物馆所收藏的采集或其他征集品。有关元代玉器，就目前已知材料而言，在黑龙江尚属空白，有待于今后的考古发现或进一步辨识。

明代玉器仅收集3件，其中依兰县达连河镇长兴村（又名马大村）出土1件，黑河市博物馆的藏品2件。黑龙江地区的清代玉器相对较多，主要出土于各地的清代墓葬，另有部分是传世品或征集品。本书收录黑河、讷河、嫩江、阿城、五大连池、鸡西、依兰、泰来、杜尔伯特蒙古族自治县等地的清代玉器54件。

上述各个时期的古代玉器，此次经过认真选择，共收录具有代表性的器物187件。

二、各时期玉器的主要特征

黑龙江地区出土的各个时期玉器的主要特征，存在着明显的区别。新石器时期的玉器以璧、环、瑗、玦、镯、簪、坠、佩为常见，另有少量斧、锛、觿以及半球形穿孔器等。玉璧类器物的特点是内孔居中，全部为标准圆内孔，而其外缘则形状各异，其中有三联璧、双联璧、出廓璧。即或是常见的器形，外缘也并非标准圆，而是圆中见方或椭圆等变形玉璧。这类玉璧原则上与汉代定制玉璧的形制"肉"与"好"，即玉璧边与孔的比例并不完全一致，但考虑到其"圆孔居中"的基本特征与玉璧相合，其外缘也属于圆形或其变形，因此这类器形统归为玉璧。其中大玉璧应是礼器，小玉璧、玉环、玉瑗、玉坠以及玉佩属于随身佩饰。根据民族学考察，这类佩饰也用于耳饰。玉玦系耳饰，玉镯属于臂腕之饰物，玉簪为发饰。

这一时期玉器的显著特点是均素面无纹。材质有摩氏硬度5.5～6度的白、青、青白、碧玉，也有硬度偏低的杂色玉，以及摩氏硬度约6.5度的玛瑙。至于玉材的原产地还不能一概而论。根据观察，饶河县小南山出土的青玉环，齐齐哈尔滕家岗子出土的碧玉玦、青玉璧，泰来县宏升乡东翁根山出土的碧玉椭圆璧，鸡西市刀背山出土的白玉瑗等材质的器表特征，以及玉质硬度，相当于和田玉质，但是否出自新疆和田，目前还是一个难以确定的问题。其他还有岫玉一类材质，至于这类杂玉的原产地还不易分辨。先秦时期玉器的数量不多，有讷河市库勒浅墓葬出土的玉石管饰，扁方形、菱形、长方形玉佩饰；在鸡东县永和镇长安村白土坑遗址征集的玛瑙璧、蓝玉石管饰、蓝玉石坠。在黑龙江西部地区，这类玉石管饰是比较常见的出土文物。但是过去由于缺少系统性的考古发掘，一般所见到的管饰多处于散乱状态。库勒浅墓葬出土的管饰在墓内还保留着完整的菱形、方形的排列顺序。据发掘者介绍，这类组合管饰出土在墓底层，位于墓底中部，属于墓主腰佩，从而解决了管饰组合与佩戴方式的问题。至于扁方形、菱形、长方形玉佩形状的认定，主要根据其中心孔所在位置与四边玉料的厚度比重，以及形成的自然下垂状态而定。在鸡东县永和镇长安村白土坑遗址征集的玛瑙璧，出土时虽已残断，但仔细观察其内孔的居中环线，乃是对面管钻、两侧接口遗留的加工痕迹。蓝玉石管应为项饰，这一时期的项管饰在黑龙江西部地区还是比较常见的。鸡东县白土坑遗址出土的蓝玉石坠的材质，目前还没有对其进行专门鉴定。经初步考察，其硬度大于水晶，约为摩氏硬度7.5～8度。由于我们对于我国东北与俄罗斯远东地区的矿产所知甚少，蓝玉石的具体产地还有待于进一步研究。

汉魏时期出土的玉器主要有蝉、骨朵、锛、璧等。友谊县凤林城址出土的青玉蝉是黑龙江地区出土的年代最早的有纹样的玉器，其玉质属于和田青玉。墨玉骨朵当是权杖上端饰物，玉质的原产地不详。这一时期的玉璧以佩戴为主。宝清县夹信子乡四新村出土的青玉椭圆孔璧、双鸭山滚兔岭出土的白玉小孔璧的内孔明显有一点凹角，此与本地出土的唐代、宋金时期的珰珥有内凹角的功用应是一致的，因此可断定其为耳饰。唐代渤海国出土的玉器较少，主要有璧、耳环、管饰、佩、摆件等。渤海宫殿基址与墓葬出土玉璧的形制基本相同，应是当时的礼器。璧、耳环、管饰的材质属于和田玉料。渤海宫城内出土的寿山石云龙摆件与绥滨金墓出土的墓主沿用唐代寿山石飞天佩件，是在黑龙江地区首次出土的龙纹与佛教人物造像，二者的材料来源于福建寿山。

由于辽代遗迹在黑龙江境内相对较少，因此出土的玉器也相对较少。本书只收录了黑河卡伦山辽代墓葬出土的一对红玛瑙灯笼六棱珠，还有齐齐哈尔市内辽墓出土的一件白玉环枝梅花佩。

金代墓葬和遗址出土的玉器上开始大量出现花纹纹样或圆雕艺术，其中有代表性的是金代人物造像雕刻艺术。在金上京地区征集的青玉宋人献宝带板，一般的看法是沿用了唐代胡人献宝纹样的艺术风格，但二者不同的是，唐代献宝的人物是胡服、卷发、虬髯，具有西域民族人物造型的特点。而金代的玉匠应出自中原民族，或者说应是宋代的汉人工匠。然而，由于女真贵族执掌政权，金代献宝的人物形象是宋人，身着广袖袍，头戴小帽，胸部束以系带，身后披一斗篷，屈膝矮身，环袍底缘外露出一圈椭圆形条纹席位座垫，广袖齐于垫上，背后斜插一件使节饰物。按此宋服者双臂仰举，作手持宝物向上奉献状。据文献记载，宋金时期，宋廷为求和每年向金廷进贡大量的银绢岁币，可见这个题材反映了当时的历史事实。

本书收录了3件圆雕玉童子，其中出土于逊克边疆乡鹿场遗址与讷河九井乡的圆雕玉童子坠是首次公开发表。3件圆雕小童的造型基本属于相同的艺术风格，各自手持一枝花叶于左肩之上，形态、规格等也比较接近，可以认定为金代的玉器。但童子各自手持不同的花枝，绥滨出土的玉童手持蕉叶，逊克出土的玉童手持类似于兰花的花枝，讷河出土的玉童手持莲叶。蕉叶、兰花是南方植物，莲花则是金代较流行的纹饰。据目前出土的玉童以及众多的金代青铜小人或童子造型的佩饰，可以看出金代上层社会普遍喜爱这类童子佩饰。

金代玉器的另一个特点是坠饰多为圆雕，佩饰多为透雕。近年来，在金上京城内出土有青玉杯、白玉盒、玛瑙碗以及刀、剑的持柄等，表明玉器作为实用器物已出现于贵族的日常生活中。这一时期的花纹特点主要是莲花、游鱼等纹样。

明代玉器出土的数量较少，依兰明墓出土的青玉夔龙双耳杯的外壁雕琢山水楼阁人物等，是不可多得的明代玉器。在黑河瑷珲镇征集的青白玉蟠龙纹带扣的出土地点不详，据已知的明代带扣的造型及明代龙纹的特点，断定其为明代玉器。黑河瑷珲博物馆内陈列的黄玉石双狮坠，原是文物调拨品，据其造型与加工的特点，认为其为明代玉器。

清代玉器在黑龙江地区的馆藏中比较丰富，主要出自讷河、黑河等地的清代墓葬，也有一部分是征集品。这一时期的玉器主要为服饰用玉，冠上的玉佩主要为顶珠、翎管以及帽正等，其意图是在显眼的部位直接用玉来表现其身份地位。另有一些佩饰，如玉坠、玉带、玉手镯等。这一时期的花纹主要是瑞兽、鱼虫、花果等纹样，材质不仅有传统的玉料，还有翡翠、俏色玛瑙、水晶以及珍珠、红宝石、碧玺等镶嵌件。

三、各地馆藏玉器定名与断代等若干问题

多年来，经国家文物鉴定专家组和省内专业人员的鉴定，对黑龙江地区馆藏的大部分玉器在定名与断代上已基本有了比较统一的认识，但笔者在本次调研中仍发现了许多问题。

1980年出土于鸡西刀背山新石器时代墓地的1件白玉器，一直被误称为"玉璜"[9]。今考此件玉器乃是玉璧的残断品，其断面清晰，且残缺部分较小，故此件玉器并非"玉璜"，而是一件玉璧类佩饰，应定名为"白玉璧"。1983年出土于庆安县勤劳镇莲花泡新石器时代遗址的3件玉器，一直被误称为"玉瓒"。今考《说文》注称："瓒，三玉二石也。〈礼〉，天子用全，纯玉也；上公用駹，四玉一石；侯用瓒。"[10]按此，

古代礼制中"瓒"为受封"侯"位者，佩用玉器的组合类别形制，所以作为公侯所用佩玉制度，此"瓒"仅仅是佩戴玉器可用的件数，与器物名称无涉。《文选·甘泉赋》李善注引张晏曰："瓒，受五升，口径八寸，以大圭为柄，用灌鬯。"[11]据此，"瓒"作为器物名称，即是一种大型圆口、加长柄的玉石"镶斗"或称"刁斗"一类的容器，不同的是"镶斗"有三足，而"瓒"无足。而庆安出土的上述3件玉器，只是一扁条状簪形饰件，上端虽然钻有一个圆形穿孔，而此孔只能放入一小半粒黄豆，且与"刁斗"或匙勺一类容器的造型不同，因此重新命名为"青玉簪"。

20世纪70年代在绥滨金代墓葬中出土1件"白玉镂雕双鹿纹牌饰"。其"白玉"的称谓没有问题，但"镂雕"似可商榷。据笔者对实物的仔细观察，其双鹿与松树之间的空隙断面主要是"拉工"形成的痕迹，应属"透雕"工艺。其实，一件古代玉器往往是由多种加工工艺碾琢而成的。这件玉器在"拉工"之前，必然先对其钻孔，因此该玉器应重新命名为"白玉松下双鹿纹纳言"。

在绥滨、逊克、讷河的3个地点各出土1件金代孩童玉坠饰。对于这类童子造型玉佩饰的名称，或曰"玉人"，或曰"玉童"，亦有称"莲孩玉"者。对实物进行比较，这3件玉器童子的身体、服饰、神态等基本相同，但各自举臂持执的花枝却分别为蕉叶、荷叶与玉兰。如将其任何一种，如"莲孩玉"作为泛称，难免以偏概全。如此，根据各自花纹题材的不同，分别称为"某花"童子较妥。1990年，考古工作者在黑龙江右岸逊克边疆乡金代遗址进行调查时，采集到一件玉雕童子像，经专家鉴定后，一直被误称为"手持蕉叶玉人"。经仔细观察，其"蕉叶"应为兰花，据此我们认为应重新命名为"白玉兰花童子坠"。

在对古玉器进行命名时，名称既不宜过于简单，也不宜繁琐。如过于简单，不但难以确切反映其属性，而且也容易造成在一个馆藏单位中相近器物的名称难于区别；如名称过于繁琐，又很难在社会信息交流中使用。其次是对玉质的认识。依兰博物馆馆藏的1件带扣，一直被称为"白玉带扣"。此次经仔细观察，发现其带有明显的玻璃物所具备的"贝状纹"，实际上这是1件清代的玻璃带扣。

何为"玉"，这是不可回避的问题。当前社会上有一种对"玉"的狭义界定，即软玉与硬玉的区分。所谓软玉，是指摩氏硬度5.5～6度的新疆玉；所谓硬玉，是指摩氏硬度约7度的翡翠。其他玉类的材质，如南阳独山玉以及岫岩玉等，均归为"玉石"类材质。实际上所谓"玉"，汉代的定义是"美石，有五德者"。据此，对于古代玉器材质的认定，另一方面亦应以古代社会对于"玉"的传统概念为准，不必拘泥于现代地质学的一些概念。再者，年代问题。绥滨博物馆收藏的"黄寿山石飞天佩"，因其出土于金代墓葬中，故被认为是金代文物。实际上这件玉器无论造型还是工艺都与唐代的同类器物相近，因此我们认为其应为唐代玉器，为金代贵族所沿用。鸡西博物馆收藏的1件青玉罐，原被认为是清代文物，经笔者鉴定应为金代玉器。

在古代社会，玉器象征着佩戴者的身份、地位。当今古代玉器为文雅珍贵之玩物，坚实耐用，往往可以经久传世，这是玉器断代中不可忽视的因素之一。另外，从目前来看，对黑龙江古代玉器的断代还是比较笼统的，特别是对史前玉器的断代，其年代跨度往往较大。究其原因，主观上是重视程度不够，研究不精细，限于表面化；客观上是基本素材相对较少，缺乏可比较的资料。黑龙江古代玉器犹如散落之珍珠，有必要对其重新进行鉴定、整理和研究。

[1] 黑龙江省博物馆《黑龙江饶河小南山试掘简报》，《考古》1972年第2期；黑龙江省文物考古研究所等《饶河小南山新石器时期玉器墓》，《中国考古学年鉴·1992》，文物出版社，1993年；佳木斯市文物管理站等《黑龙江饶河小南山新石器时代墓葬》，《考古》1996年第2期。

[2] 常志强等《黑龙江省刀背山新石器时代遗存》，《北方文物》1987年第3期。

[3] 李文信《依兰倭肯哈达的洞穴》，《考古学报》第7册，1954年；《松江省依兰县倭肯河史前遗址调查报告》，《文物参考资料》1951年第9期。

[4] 黑龙江省文物考古研究所《黑龙江尚志县亚布力新石器时代遗址清理简报》，《北方文物》1988年第1期。

[5] 黑龙江省博物馆《昂昂溪新石器时代遗址调查》，《考古》1974年第2期。

[6] 杜尔伯特蒙古族自治县博物馆《黑龙江省杜尔伯特李家岗新石器时代墓葬清理》，《北方文物》1991年第2期。

[7] 黑龙江省文物考古工作队《黑龙江畔绥滨中兴古城和金代墓葬》，《文物》1977年第4期。

[8] 赵评春《金代服饰——金齐国王墓出土服饰研究》，文物出版社，1998年；黑龙江省文物考古研究所《黑龙江阿城巨源金代齐国王墓发掘简报》，《文物》1989年第10期。

[9] 同〔2〕。

[10] 《说文解字注·玉部》一篇上，上海古籍出版社，1981年。

[11] 《文选·甘泉赋·李善注》，中华书局，1977年。

图 版

碧玉玦　　新石器时期

横向外径3.07、纵向外径3.05、厚0.93厘米，内孔中间直径1.20、上面开口直径
1.55、下面开口直径1.40厘米；玉玦口宽0.20厘米

　　1981年采集于齐齐哈尔市滕家岗子遗址，现藏于黑龙江省文物考古
研究所。

　　浅绿色玉质，整体为环形缺口形制。佩戴时，玉玦内外两面的造型
可以分辨。向外面上玉环外沿倒角，表面略呈环形圆弧体，内侧里面略
呈平底。鉴于外缘倒角加工工艺明显，属于专为体现其表面弧线之意，
当为玉玦在佩戴时向外面，平底一侧当属于靠近耳垂两侧腮后面。玉玦
内孔为锥形双面对钻，两面开口为锥体旋转加工，上下开口面的直径大
于孔内中心直径。玉玦缺口使用拉工切割方法，镜下观察可以看到玉玦
开口断面上留有条状拉工痕迹。玉玦素面无纹，局部有水沁斑痕，通体
抛光。

　　此类仅有一条窄缺口的玉玦，佩戴方法相对简便，只要将耳朵下端
轻拉变薄后，嵌入玦的缺口即可。　　　　　　　（撰文、摄影：赵评春）

青玉环 *新石器时期*

外径3.90～3.99、内径2.20、厚0.61厘米

1991年采集于饶河县小南山墓葬，现藏于黑龙江省博物馆。

青色玉质，圆环形佩饰。外圆不十分标准，外壁略有暗凸凹处，内为标准圆。玉环素面无纹，通体抛光，局部有白褐色沁痕。

（撰文、摄影：赵评春）

青玉璧 新石器时期

外径4.18～4.38、内径0.82、厚0.55～0.60、壁宽1.67～1.93厘米

　　1982年出土于饶河县小南山，现藏于黑龙江省博物馆。

　　青褐间色玉质，外缘略呈圆形见方，内为圆孔。素面无纹，内外边缘渐收为锐角边，玉璧肉中鼓起。通体含黄褐色沁，外圆边缘有一小残口，长约0.5厘米。通体抛光。青色部分为半透明地，褐色部分为沁痕。

（撰文、摄影：赵评春）

碧玉斧 新石器时期

长15.63、宽5.05、厚2.03厘米

征集于阿城亚沟南平村新石器时期遗址。

青绿色玉质，摩氏硬度约6度。玉斧为扁长体，直柄双面刃。局部有黄褐色与青白色沁斑，通体抛光。　　　　（撰文、摄影：赵评春）

青玉三联璧 新石器时期

长9.37、宽5.00、厚0.40厘米，上孔直径1.20、中孔直径1.75、下孔直径2.10厘米

　　1985年经黑龙江省文物考古研究所发掘出土于尚志市亚布力，现藏于黑龙江省博物馆。

　　青色玉质，表面有黄褐色沁痕。上中下依次三环相联，素面无纹，通体抛光。

（撰文、摄影：赵评春）

碧玉环 新石器时期

纵长3.73、横宽3.44、厚0.80、孔径1.00厘米

  1997年出土于齐齐哈尔市昂昂溪区滕家岗遗址，现藏于齐齐哈尔市昂昂溪遗址博物馆。

  绿色玉质，褐色沁痕，玉质硬度约6度。圆形环，磨制略呈椭圆状，双面对钻标准圆内孔。素面无纹，通体抛光。

（撰文、摄影：赵评春）

青玉方形璧 新石器时期

纵长4.53、横宽4.86、厚0.27、内孔径1.90、穿孔径0.08~0.12厘米

　　1993年出土于齐齐哈尔市昂昂溪区滕家岗M41，现藏于齐齐哈尔市昂昂溪遗址博物馆。

　　青色玉质，局部有黄褐色沁痕，玉质硬度约6度。外缘倒角，磨制略为方形玉璧，素面无纹。双面钻内圆孔，玉璧上缘对钻两个穿孔，应为佩戴穿系用孔。双面抛光。　　　　　　（撰文、摄影：赵评春）

白玉随意形璧 新石器时期

长6.20、宽5.00、厚0.27、内径1.42厘米

　　1993年出土于齐齐哈尔市昂昂溪区滕家岗M41，现藏于齐齐哈尔市昂昂溪遗址博物馆。

　　白色玉质，局部有黄褐色沁痕。外缘为玉料天然形状随意磨制，内为双面钻圆孔，玉璧边缘双面对钻，上下两钻孔连接相切，呈椭圆形穿孔，属于佩饰。素面无纹，通体抛光。　　　　（撰文、摄影：赵评春）

青玉镯　新石器时期

外径8.43、内径5.70、厚3.55、口径6.07~6.20厘米

1986年出土于泰来县宏升乡东翁根山遗址，现藏于泰来县博物馆。

青绿间灰白色玉石材质，白褐色沁，半透明。器形呈圆环形，内壁双向略为向里斜向平直交汇，内圆上下两面向外仰口，外壁呈弧形外鼓。通体抛光。　　　　　　　　　　　（撰文、摄影：赵评春）

青白玉出廓璧　新石器时期

长4、宽2.56、厚0.1、内径0.9厘米

　　出土于齐齐哈尔市西卧牛吐遗址，现藏于齐齐哈尔市博物馆。

　　玉质白略泛青色，局部有红褐色沁痕。外缘呈不规则弧形，下面出斜角，上部出廓部分呈叉角状，圆形内孔。内外两侧磨制渐薄起刃，环中起脊形。通体抛光。

（撰文、摄影：赵评春）

青玉梨形璧 新石器时期

长6.47、宽4.75、厚0.40厘米，内径纵1.86、横1.56厘米，穿孔径0.20厘米、
豁口上宽0.68、下深0.34厘米

　　1986年出土于杜尔伯特蒙古族自治县烟筒屯镇新合村墓葬，现藏于
杜尔伯特蒙古族自治县博物馆。

　　青色玉质，局部有褐色沁斑。外缘呈梨形，内缘略呈椭圆形孔。内
外两侧磨制渐薄边缘，环中起鼓形。上端双面对钻穿孔，顶部开一半弧
形豁口。素面无纹，通体抛光。　　　　　　　　（撰文、摄影：赵评春）

青玉菱形璧 新石器时期

长5.98、宽6.13、厚0.30、内径1.54、穿孔径0.17厘米

　　1986年出土于杜尔伯特蒙古族自治县烟筒屯镇新合村墓葬，现藏于杜尔伯特蒙古族自治县博物馆。

　　青色玉质，局部有褐色沁痕。整体为抹角菱形，中部对面钻内圆孔，平面呈板状，内外两侧边缘倒角。菱形上端对钻圆形穿孔，当属玉璧形佩饰的穿系孔。素面无纹，通体抛光。　　（撰文、摄影：赵评春）

碧玉方肩形璧　新石器时期

长6.57、宽6.60、厚0.29、内径1.86、穿孔径0.20厘米

　　1986年12月出土于杜尔伯特蒙古族自治县烟筒屯镇新合村墓葬，现藏于杜尔伯特蒙古族自治县博物馆。

　　青绿色玉质，局部有青黑色沁痕。整体平面磨制为板状，外形下部为抹角方形，双面对钻圆形内孔，圆孔内缘倒斜边；上部出廓呈肩状，出廓部分呈方形短柄状，外缘磨制为渐薄状。上端对钻一小圆穿孔，当属璧类佩饰穿系之孔。素面无纹，通体抛光。　（撰文、摄影：赵评春）

青玉双联璧　新石器时期

长5.00、宽3.70、厚0.40、内径1.54厘米

　　1989年出土于杜尔伯特蒙古族自治县他拉哈镇六家子村毛都西那屯乌尔塔泡，现藏于杜尔伯特蒙古族自治县博物馆。

　　青色玉质，局部有灰白色沁痕。葫芦形双联璧，出土时上部已残缺。双面呈平板状，下部略呈方圆形，外缘磨制渐为薄边。对钻圆形内孔，边缘倒角。素面无纹，通体抛光。　　　　　（撰文、摄影：赵评春）

青玉双联璧　新石器时期

长6.60、宽4.33、厚0.38、内径1.90厘米

　　1989年出土于杜尔伯特蒙古族自治县他拉哈镇六家子村毛都西那屯乌尔塔泡，现藏于杜尔伯特蒙古族自治县博物馆。

　　青色玉质，局部有灰白色沁痕。葫芦形双联璧，出土时上部环璧已残缺。双面呈平板状，双联玉璧下部呈圆形，外缘磨制渐为薄边。对钻圆形内孔，边缘倒角。素面无纹，通体抛光。　　（撰文、摄影：赵评春）

青玉菱形璧　新石器时期

长3.40、宽2.50、厚0.21、内圆直径0.78、穿孔径0.10厘米

　　1986年12月出土于杜尔伯特蒙古族自治县烟筒屯镇新合村墓葬，现藏于杜尔伯特蒙古族自治县博物馆。

　　青色玉质，表面有青黑色沁斑，局部边缘有水沁痕。磨制为小菱形平板状，四边渐薄。对钻圆内孔，内圆边缘倒角。菱形上端角对钻穿孔，当为佩饰穿系之孔。通体抛光。　　　　（撰文、摄影：赵评春）

白玛瑙环　青铜时期

长4.36、宽4.11、厚0.34、内径2.23厘米

　　1990年3月出土于杜尔伯特蒙古族自治县大山种羊场，现藏于杜尔伯特蒙古族自治县博物馆。

　　乌白色半透明玛瑙材质，磨制平板状略呈扁圆形环，外缘稍薄。对钻内圆孔边缘未经精工磨制，残留毛边痕迹，内圆边缘倒角呈坡口状。根据加工痕迹，可见内孔属于管钻外缘呈锐角，钻孔加工形成内圆坡口，为了减少工序，双面管钻形成环状割口后，敲击掉内圆核心，然后稍磨内圆毛边形成。素面无纹，外面抛光。　　（撰文、摄影：赵评春）

青玉石方形璧 新石器时期

长13.24、宽13.66、厚0.90、内径6.24、孔径0.32厘米

　　1986年12月出土于杜尔伯特蒙古族自治县烟筒屯镇新合村墓葬，现藏于杜尔伯特蒙古族自治县博物馆。

　　青白色半透明玉石，局部表面有红褐色沁痕，硬度约4度。磨制外缘为抹角方形，中心钻内圆孔，里外两侧边缘磨制渐呈薄边状，玉璧环中起脊。上方对钻双穿孔。素面无纹，通体抛光。出土时已断裂。

　　　　　　　　　　　　　　　　　　（撰文、摄影：赵评春）

青玉石半球形穿孔器　新石器时期

高6.97、外径10.72、圆顶孔径2.35、平面孔径3.08厘米

　　1986年12月出土于杜尔伯特蒙古族自治县烟筒屯镇新合村墓葬，现藏于杜尔伯特蒙古族自治县博物馆。

　　青绿间色玉石材质，局部表面呈鸡骨白色。磨制半球形玉器，底为平面。中心纵向对钻穿孔。通体无纹，表面光滑。

（撰文、摄影：赵评春）

青玉双联璧　新石器时期

长5.91、上宽3.24、下宽3.77、厚0.35、上内孔径1.12、下内孔径1.57厘米

　　1986年出土于泰来县宏升乡东翁根山遗址，现藏于泰来县博物馆。

　　青色玉质，局部有褐色沁斑与水沁。平面呈板状，磨制亚腰葫芦形双联璧，外侧倒边呈锐角边缘。上下中心对钻内圆孔。内圆管钻，边缘倒角。素面无纹，通体抛光。　　　　　　　　（撰文、摄影：赵评春）

碧玉椭圆形璧 新石器时期

长8.93、宽7.15、厚0.57、内径2.99～3.06厘米

1986年出土于泰来县宏升乡东翁根山遗址，现藏于泰来县博物馆。

青绿色玉质，局部有褐色沁痕，硬度为摩氏5.5～6度。外缘呈椭圆形，中心双面对钻内圆孔，外缘磨制渐薄呈锐角边，内孔管钻，边缘形成倒角，玉璧面环形起脊。素面无纹，通体抛光。

（撰文、摄影：赵评春）

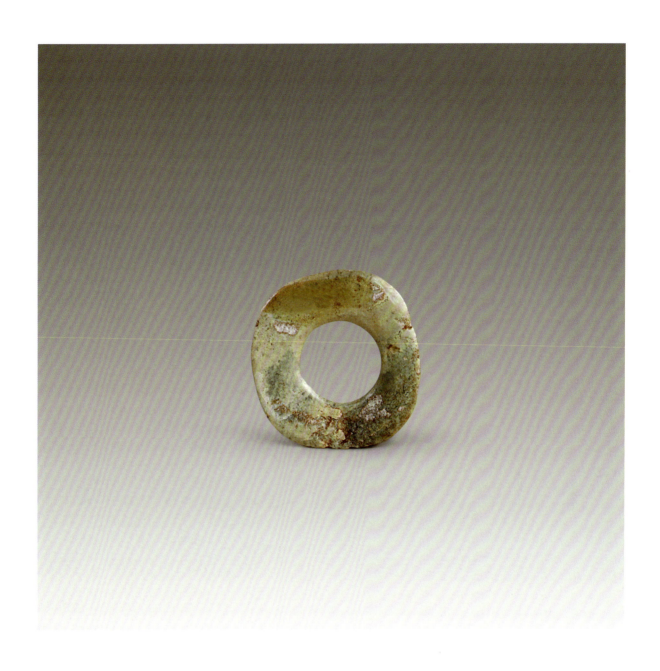

青玉璧　新石器时期

长4.57、宽4.37、厚0.32、内径2.05～2.06厘米

1986年出土于泰来县宏升乡东翁根山遗址，现藏于泰来县博物馆。

青色玉质，玉质表面光泽稍黯淡，硬度为摩氏3.5～4度，局部有褐色沁斑。外缘为圆角弧形边，略呈扁圆形，中心开内圆孔。内外两侧边缘磨制渐呈薄边，璧面环形起脊。素面无纹，通体抛光。

（撰文、摄影：赵评春）

碧玉璧 新石器时期

长4.08、宽4.07、厚0.38、内径1.92~2.02厘米

1986年出土于泰来县宏升乡东翁根山遗址，现藏于泰来县博物馆。

青绿色玉质，局部有褐色沁斑与水沁，硬度约为6度。外缘略为不规则圆形，其中一侧边缘略呈直线抹角边。中心开圆孔，内外边缘磨制呈渐薄状，璧面环形起脊。素面无纹，通体抛光。

(撰文、摄影：赵评春)

白玉椭圆形璧　新石器时期

长4、宽2.2、厚0.5、内孔径1厘米

　　出土于齐齐哈尔市西卧牛吐遗址，现藏于齐齐哈尔市博物馆。

　　白色泛青玉质，局部有白褐色沁痕。平面呈板状，外缘倒角磨制为椭圆形，中心开圆孔，内缘对管钻倒角。素面无纹，通体抛光。

（撰文、摄影：赵评春）

碧玉觽 新石器时期

长12.25、外径2.25～2.80厘米

1984年出土于泰来县平洋镇，现藏于泰来县博物馆。

青绿色半透明玉质，磨制为锥状，底面未经磨制，底边略为倒角，通体抛光。应为解系用具。 （撰文、摄影：赵评春）

青玉扁簪形佩 新石器时期

长12.03、宽1.63、厚0.50、孔径0.19厘米

　　1986年出土于泰来县宏升乡东翁根山遗址，现藏于泰来县博物馆。

　　青色玉质，局部有黑褐色沁痕。磨制成条状，下端双面开刃口，上端呈扁尖顶，对锥钻穿系孔。通体抛光。　　　（撰文、摄影：赵评春）

青玉觿　新石器时期

长 6.16、宽1.20、厚0.72、穿孔开口外圆直径0.43、内孔径0.22厘米

　　1982年出土于饶河县小南山墓葬，现藏于黑龙江省博物馆。

　　表面以黄褐色沁为主，间或露出青色玉质。磨制成弯条状解系用具。前端呈尖状，端部里侧有一弧形加工痕迹，长约0.5厘米。尾部对钻锥体穿孔，以便随身佩戴。表面抛光。　　　　（撰文、摄影：赵评春）

青玉璧　新石器时期

长4.25、宽4.15、厚0.34~0.35、内径1.89厘米

　　1981年出土于齐齐哈尔市滕家岗子遗址，现藏于黑龙江省文物考古研究所。

　　青色玉质，局部有褐色沁斑与水沁痕迹，四角抹圆，外缘略呈方圆形。对管钻内圆孔，内外两侧边缘渐为薄边，璧面环形起脊。素面无纹，通体抛光。　　　　　　　　　　　　　（撰文、摄影：赵评春）

青玉佩　新石器时期

长2.48、宽2.10、厚0.52、孔径0.30厘米

　　1983年出土于庆安县莲花泡遗址，现藏于绥化市文物管理站。

　　青色玉质，白色沁斑痕。器形呈平板状，两侧为直边，上下两端抹圆。上端单面钻孔，穿孔上部圆壁面较陡直，底部为一圆窝形透孔。

（撰文、摄影：赵评春）

青玉锛 *新石器时期*

长2.98、刃宽1.90、厚0.70厘米

1983年出土于肇源县肇源农场遗址，现藏于绥化市文物管理站。

青色玉质，乌白色水沁，通体抛光。扁柱状玉锛，上窄下宽。手握持部分一面为平直面，一面为半圆柱体。磨制单面刃，刃口稍残。

（撰文、摄影：赵评春）

青玉佩　新石器时期

长4.20、宽2.95、厚0.60、孔径0.40厘米

　　1983年出土于庆安县莲花泡遗址，现藏于绥化市文物管理站。

　　青绿色玉质，局部有白褐色或黄褐色沁斑。器形上窄下宽呈扁铲形。上端双面钻孔，两面由圆孔部向下碾琢一条浅凹痕锥形纹。

（撰文、摄影：赵评春）

青玉佩　*新石器时期*

长4.10、宽2.45、厚0.30、孔径0.38厘米

　　1983年出土于庆安县莲花泡遗址，现藏于绥化市文物管理站。

　　青褐色玉质，表面为鸡骨白沁。器形呈三角形，边缘有一条褐色沁痕。上尖下宽，单面碾琢三角形浅凹痕，此面上顶部单面开钻孔，钻孔上部圆壁面较陡直，底部为一圆窝形开孔。通体抛光。

（撰文、摄影：赵评春）

青玉佩 *新石器时期*

长4.98、宽1.60、厚0.32、孔径0.20厘米

　　1983年出土于庆安县莲花泡遗址，现藏于绥化市文物管理站。

　　青色玉质，通体为鸡骨白沁。扁长条形，上下为椭圆形，上端单面钻孔，开孔上部圆壁面较陡直，底部为一圆窝形透孔。通体抛光。

（撰文、摄影：赵评春）

青玉佩 新石器时期

长3.47、宽1.40、厚0.25、孔径0.20厘米

　　1983年出土于庆安县勤劳镇莲花泡遗址，现藏于绥化市文物管理站。

　　青色玉质，黄褐色沁痕。楔形佩，边缘呈薄刃状，一侧为平面，另一侧起小半弧面，上端双面对钻穿孔。　　　　　　（撰文、摄影：赵评春）

青玉佩 新石器时期

长2.35、宽1.70、厚0.20、孔径0.35厘米

　　1983年出土于庆安县勤劳镇莲花泡遗址,现藏于绥化市文物管理站。

　　青色玉质,白褐色沁斑,器形为扁铲状,两边呈梯形,上窄下宽。顶部抹圆边,上端双面钻孔,玉佩两面碾琢梯形浅凹痕纹。

(撰文、摄影:赵评春)

青玉簪 新石器时期

长9.84、宽1.94、厚0.45、孔径0.33厘米

　　1983年出土于庆安县勤劳镇莲花泡遗址，现藏于绥化市文物管理站。

　　深青色玉质，条纹状白褐色沁斑，摩氏硬度约4度。扁长条状玉簪，上宽下窄，簪导一侧为平面，另一面横向起弧面，在簪首部弧面一侧开单面钻孔，钻孔上部圆壁面较陡直，底部为一圆窝形开孔。通体抛光。簪导前端部已残。　　　　　　　　　（撰文、摄影：赵评春）

青玉簪　新石器时期

长9.28、宽2.85、厚0.50、孔径0.29厘米

　　1983年出土于庆安县勤劳镇莲花泡遗址，现藏于绥化市文物管理站。

　　淡青绿色玉质，细纹状白褐色沁斑，摩氏硬度约4度。扁宽条状玉簪，上中部偏宽，下部略窄。簪首顶边斜平，簪导前端抹圆。簪体一面起条状凹沟，在此面簪首部单面开钻孔，钻孔上部圆壁面较陡直，底部为一圆窝形开孔。背面为横向弧形面，通体抛光。　　（撰文、摄影：赵评春）

青玉簪　新石器时期

长9.72、宽2.05、厚0.57、孔径0.37厘米

1983年出土于庆安县莲花泡遗址，现藏于绥化市文物管理站。

青绿色玉质，条纹状白褐色沁斑，摩氏硬度约4度。扁长条状玉簪，上宽下窄，簪导一侧中间起尖条状凹沟，背面横向起弧面，在弧面一侧簪首部开单面钻孔，钻孔上部圆壁面较陡直，底部为一圆窝形开孔。通体抛光。

按此件玉器，1990年经黑龙江省文物专家组鉴定，命名为"玉瓒，仿骨器"，定为一级藏品。1993年8月6日，又经国家文物局文物鉴定专家组确认，沿用"玉瓒"名称。

今考此说不确，根据玉器的材质和形制定名为"青玉簪"。

《说文》注称："瓒，三玉二石也。〈礼〉，天子用全，纯玉也；上公用駹，四玉一石；侯用瓒。"（《说文解字注·玉部》一篇上，上海古籍出版社，1981年）按此，古代礼制中，"瓒"为受封"侯"位者，佩用玉器的组合类别形制，所以作为公侯所用佩玉制度，此"瓒"仅仅是佩戴玉器可用的件数，与器物名称无涉。《文选·甘泉赋》李善注引张晏曰："瓒，受五升，口径八寸，以大圭为柄，用灌鬯。"（《文选·甘泉赋·李善注》，中华书局，1977年）在此，"瓒"作为器物名称，即是一种大型圆口、加长柄的玉石"镳斗"或称"刁斗"一类的容器，不同的是"镳斗"有三足，而"瓒"无足。如此所述，庆安出土的此类3件玉器，只是一扁条状簪形饰件，上端虽然钻有一个穿系圆孔，而此孔只能放入一小半粒黄豆，且与勺子的造型不同。所以，过去命名此件玉器为"玉瓒"是没有依据的。再者，所谓一件"玉瓒"，又是"仿骨器"，这是十分费解的。骨器本身就有诸多种类，作为一件具体的玉器是无法被描述成"仿骨器"的。在史前或历史时期，玉器是权贵的象征，没有用玉"仿骨器"的概念。根据对该件玉器的考察，器物表面有鸡骨白沁色。所谓"仿骨"应是原鉴定者对"鸡骨白沁色"玉质的认识。实际上这类"鸡骨白"应是青玉材质上的沁色，而并非"仿骨器"。

（撰文、摄影：赵评春）

青玉坠　新石器时期

长4.90、宽1.89、厚1.20、孔径0.32厘米

　　1983年出土于庆安县莲花泡遗址，现藏于绥化市文物管理站。

　　青色玉质，局部有絮状白褐色沁痕。器形整体为长方柱体，上端呈扁尖状，单面钻圆孔，孔上半部圆壁面较陡直，孔底部为一圆窝形开孔。玉坠下端呈圆头状。通体抛光。　　　　　　（撰文、摄影：赵评春）

碧玉锛 新石器时期

长13.14、刃宽4.30、顶宽2.80、厚2.10厘米

　　1988年出土于延寿县青川乡永祥村火烧嘴子，现藏于延寿县文物管理所。

　　青绿色玉质，局部有鸡骨白与黄褐色沁痕，摩氏硬度约6度。扁锥体握柄，柄部一面较平直，一面横向起弧面。刃宽顶窄，顶部较平。双面磨刃，握柄平直一面刃部斜面稍短，握柄横向起弧面刃部斜面较长。

　　根据握持玉锛的手感，在使用时应是平直面握柄一侧贴在掌中，横向起弧面用于手指弯曲把持。玉锛各面均有砣具纵向直线切割玉料时留下的条状沟痕。开料加工时，用砣具先后双面纵向切割，待到中间还有约0.4厘米深时，改用外力将玉料瓣开，中间瓣开部分未经磨制抛光，留有玉料毛茬痕迹。

（撰文、摄影：赵评春）

青玉锛 新石器时期

长8.98、刃宽4.15、厚1.40厘米

　　1988年出土于延寿县青川乡永祥村火烧嘴子，现藏于延寿县文物管理所。

　　表面多为青黄色，细部露出青色条纹玉质，基本不透明。扁圆柱体，刃口部较宽，上端锥形渐窄，顶部有砸断残痕。通体抛光，双面磨制刃口，一侧刃口斜面长约2.2厘米，另一侧刃口斜面长约1.5厘米。

（撰文、摄影：赵评春）

青玉璧　新石器时期

长5.80、宽5.35、厚0.29厘米

　　1988年出土于延寿县青川乡永祥村火烧嘴子，现藏于延寿县文物管理所。

　　青色玉质，摩氏硬度约6度，深青绿色条斑状沁痕。玉璧略呈长条片状，外缘四角抹圆，双面管钻圆孔。内外边缘磨制渐薄呈刃状，环玉璧边中部起鼓。通体抛光。以内孔为中心，自由落体重心纵向为对角线，原佩戴时玉璧上下朝向也应是对角形式。（撰文、摄影：赵评春）

白玉齿纹璧　新石器时期

——————————————

长6.15、厚0.40厘米

　　1980年出土于鸡西市刀背山墓地，现藏于鸡西市博物馆。

　　白色玉质，表面布满牛毛纹状褐色沁斑，摩氏硬度约6度。此件玉璧出土时已残，可见外缘略呈椭圆形，弧边抹圆角，一边现有5个齿纹，周边有3个穿系圆孔，内为标准圆孔。残断处两边清晰可见残断痕迹，上部有一穿孔，正对下部齿纹边缘上边的穿孔，是为玉璧之中线，知其残断部分为原物之一小部分。根据新石器时期玉佩形制的普遍规律，缺失的部分应是现存玉璧边与齿纹部分相对应的部分，因此该件玉器当为"璧"，而非过去所命名的"玉璜"。　　（撰文、摄影：赵评春）

白玉瑗 新石器时期

长5.11、宽4.93、厚0.25厘米

1980年出土于鸡西市刀背山墓地，现藏于鸡西市博物馆。

白色玉质，内含雪花斑，摩氏硬度约6度。器形为环形，出土时已残断，缺口间距约2.35厘米。断口两侧各有一锥钻浅圆孔痕，残口一端有已穿透孔残开。通体抛光。　　　　　　　（撰文、摄影：赵评春）

青玉半圆形璧 新石器时期

长2.42、宽2.90、厚0.25、内孔径0.71厘米

1980年出土于鸡西市刀背山墓地，现藏于鸡西市博物馆。

青色玉质，表面多为黄褐色沁，边缘局部有鸡骨白沁痕，硬度约4.5度，当属于岫玉类。外缘略为半圆形，磨制呈渐薄边。对钻内圆孔，内圆边缘呈斜面。

（撰文、摄影：赵评春）

青玉璧 新石器时期

长5.10、宽5.00、厚0.32、内孔径2.18厘米

1980年出土于鸡西市刀背山墓地，现藏于鸡西市博物馆。

青色玉质，摩氏硬度约4.5度，当属于岫玉类。外缘略呈抹角方形，内外两侧边缘磨制渐呈薄刃状，璧边环中起鼓形。表面局部有鸡骨白沁痕。 （撰文、摄影：赵评春）

青玉出廓璧 新石器时期

长6.24、宽5.28、厚0.35、内孔径2.52厘米，上穿孔径0.30～0.35、下穿孔径0.58厘米

1980年出土于鸡西市刀背山墓地，现藏于鸡西市博物馆。

青泛绿色玉质，上部为圆形璧，钻内圆孔。内外边缘磨制渐呈薄边。璧边环中起鼓，上面为单穿孔。下部左右出廓连有二环，环内下面为左右穿孔，一侧穿孔已残。玉质当属于岫玉类。

（撰文、摄影：赵评春）

白石管菱形佩饰 春秋中晚期

通长约9.70、宽约2.75厘米，管长0.22~0.45、外径0.45~0.6、内孔径0.08~0.15厘米

2002年出土于讷河市学田镇库勒浅墓地，现藏于黑龙江省文物考古研究所。

白色石质，不透明，摩氏硬度1~2度。出土时即为成组菱形排列，位于墓内人体尸骨腰部附近。每排管饰横置，由顶端依次分排，两端交叉穿入细绳，呈梯形排列，上下共13排渐变为菱形，然后纵向穿套管饰。

（撰文、摄影：赵评春）

白石管方形组佩 春秋中晚期

通长约3.85、宽约3.75厘米，管长0.20～0.46、外径0.45～0.6、内孔径0.08～
0.15厘米

2002年出土于讷河市学田镇库勒浅墓地，现藏于黑龙江省文物考古
研究所。

白色石质，不透明，摩氏硬度1～2度。出土时即为成组四方排列，
位于墓内人体尸骨腰部附近。每排管饰横置，由顶排依次排列，两端交
叉穿入细绳，结系成方形排列，上端纵向穿套管饰。

（撰文、摄影：赵评春）

碧玉方形佩　春秋中晚期

长3.05、宽2.00、厚0.18、内孔径0.20厘米

　　2002年出土于讷河市学田镇库勒浅墓地，现藏于黑龙江省文物考古研究所。

　　绿色玉质，局部有细条状白褐色沁痕，摩氏硬度约6度。器形为长方形，平面呈板状，四面边缘双面磨制渐薄呈刃状，内孔位于上边居中，双面锥钻穿孔。素面无纹，通体抛光。　　（撰文、摄影：赵评春）

白玉菱形佩 春秋中晚期

长2.67、宽2.42、厚0.35、内孔径0.15厘米

2002年出土于讷河市学田镇库勒浅墓地，现藏于黑龙江省文物考古研究所。

白色玉质，局部边缘有黄褐色沁痕，摩氏硬度约6度。整体为菱形，平面呈板状。内孔为双面锥钻，位于纵向对角线偏上部，边缘磨制为圆角边，其中横向内孔边距偏长的上角单面磨制为薄刃状。通体抛光。

根据实验观察，内孔纵向位于对角线偏上，人为磨薄右侧偏大横角，以使左右保持平衡，有利于佩戴时上下菱形角对称。

（撰文、摄影：赵评春）

青玉方形佩　春秋中晚期

长3.50、宽2.70、厚0.20、穿孔径0.22厘米

2002年出土于讷河市学田镇库勒浅墓地，现藏于黑龙江省文物考古研究所。

青色玉质，多为白色间青褐色沁痕，摩氏硬度约6度。外形为抹角长方形，平面呈板状，素面无纹。双面锥钻圆孔，穿孔中心偏上部。边缘有三边略倒边，上边单面磨制成薄刃状，佩戴时自然向上。通体抛光。

（撰文、摄影：赵评春）

白玛瑙璧 青铜时代

长6.30、宽2.90、厚0.52厘米

2004年出土于鸡东县永和镇长安村白土坑遗址，现藏于鸡西市博物馆。

白色玛瑙材质，出土时已残缺。璧面光素无纹，内孔壁为双斜面坡口，端面有两面管钻对接口痕迹。 （撰文、摄影：赵评春）

蓝玉石管项饰 青铜时代

长3.97、宽1.20、厚0.95、内孔径0.33~0.37厘米

2004年征集于鸡东县永和镇长安村白土坑遗址，现藏于鸡西市博物馆。

蓝色玉石材质，呈扁柱体。属于项链串管之一，纵向对钻穿孔。通体抛光。

（撰文、摄影：赵评春）

蓝玉石坠 　青铜时代

长3.68、宽1.95、厚1.12厘米

2004年征集于鸡东县永和镇长安村白土坑遗址，现藏于鸡西市博物馆。

深浅渐变蓝色玉石，摩氏硬度大于水晶，为7.5～8度。整体呈长方形，上顶为自然斜面，磨制尖顶坠。四个立面抛光，磨制斜面未经抛光，顶尖部对钻锥孔。　　　　　　　　　　　（撰文、摄影：赵评春）

墨玉骨朵 汉魏时期

外角直径8.92～9.43、高4.58、孔径1.64～1.85厘米

　　2003年出土于宝清县夹信子乡光辉村遗址，现藏于宝清县博物馆。

　　青黑色玉石材质，局部有褐色条纹痕。磨制上下三层尖角，每层对称七角，上下两面分别有七瓣纹，纵向双面锥钻中心孔。应为权杖上端骨朵。

（撰文、摄影：赵评春）

褐玉锛　汉代

长8.64、宽3.84、厚1.12厘米

　　出土于宝清县东兴乡，现藏于集贤县文物管理所。

　　黄褐色半透明玉石材质，呈扁长方形，顶部及两侧平直，两面磨光，两侧有直线切割痕迹。中部以下渐薄，单面平直刃口。

（撰文、摄影：赵评春）

白玉石锛　汉代

长7.72、宽4.55、厚1.14厘米

出土于宝清县东兴乡，现藏于集贤县文物管理所。

白灰色半透明玉石材质，玉质较软，摩氏硬度约4度。整体呈扁长方体，顶部略呈圆弧形，两面磨光，两侧平直，其中一侧有直线切割玉石料所留的条状痕迹。中部以下渐薄，单面平直刃口。

（撰文、摄影：赵评春）

白玉石璧 汉代

外径1.92、孔径0.66、厚0.32厘米

1984年经黑龙江省文物考古研究所发掘出土于集贤县滚兔岭城址，现藏于集贤县文物管理所。

白色玉石材质，表面有褐色沁痕。平面呈板状，器形较小，外缘基本呈直角边。对钻锥体内孔，边缘呈斜面，素面无纹。此件玉璧的两边基本是内孔的2倍，内孔直径又约等于玉璧厚度的2倍。按照汉代对于玉璧概念的界定，璧"肉倍好，谓之璧"，即玉璧的双边是玉璧孔的2倍，因此这件玉璧与汉代玉璧制作的法度相合。

（撰文、摄影：赵评春）

青玉椭圆孔璧　汉魏时期

外径4.32~4.41、内径0.85~1.06、厚0.27厘米

1988年出土于宝清县夹信子乡四新村，现藏于宝清县博物馆。

青色玉质，摩氏硬度为4~4.5度。表面多为鸡骨白沁，间或褐色沁斑。器体为圆形，平面呈板状，外缘略见圆弧角，双面对钻椭圆内孔，内缘基本未倒角。素面无纹，通体抛光。　　（撰文、摄影：赵评春）

青玉璧　汉代

外径3.38~3.41、内径0.77、厚0.28厘米

　　1988年出土于宝清县夹信子乡四新村，现藏于宝清县博物馆。

　　青色玉质，纹理中含黑褐色线状沁痕，摩氏硬度约6度。器体为圆形，平面呈板状，外缘两侧渐呈薄边，双面对钻内孔。通体抛光。

（撰文、摄影：赵评春）

青玉璧　汉魏时期

外径1.85～1.98、内径0.25、厚0.20厘米

　　1999年出土于宝清县八五二农场六分场八队，现藏于宝清县博物馆。

　　青白色内含白色斑点玉质，局部有褐色沁痕，摩氏硬度5.5～6度。器体为圆形，平面呈平板状。外缘略见弧度圆角，加工有浅豁口，内有两道砣工痕迹，可见豁口内含紫褐色沁斑。双面对钻锥体内孔，与璧边宽度相比，内孔较小，应为佩戴饰物。　　　　　　（撰文、摄影：赵评春）

墨玉神面连雷纹镯　汉代

外径8.56、高2.65、内径6.90厘米

1986年征集于泰来县城内，现藏于泰来县博物馆。

墨绿色半透明玉质，摩氏硬度约6度。圆环形，外壁断面略呈半圆弧形，剔地起花雕琢四方连续人形神面纹，神面上下环玉镯线雕连雷纹，内壁平直。

（撰文、摄影：赵评春）

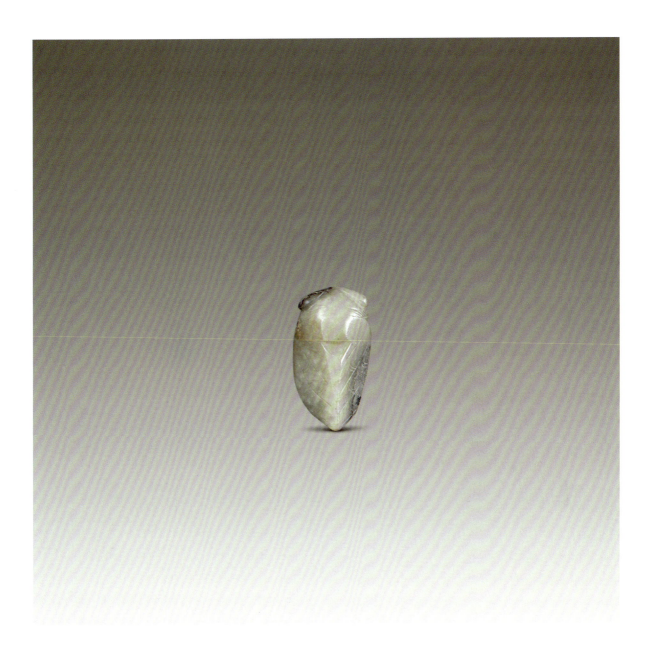

青玉蝉坠 汉魏时期

长3.50、宽1.93、厚1.35、穿孔径0.25厘米

1994年出土于友谊县凤林城址七城区，现藏于双鸭山市文物管理站。

青色玉质，圆雕青玉蝉坠，由头向尾纵向对钻穿孔。双眼凸出，背部为蝉翼纹，腹部为蝉足纹。头、尾、腹部等处有黑色沁痕。应是穿系佩饰。　　　　　　　　　　　　　　　（撰文、摄影：赵评春）

白玉璧 唐代

外径11.00、内径3.82、残长10.80、边宽3.51、厚0.30厘米

　　1994年经黑龙江省文物考古研究所发掘出土于宁安市莲花乡虹鳟鱼场渤海墓群，现藏于黑龙江省文物考古研究所。

　　白色玉质，白雪花色体地，局部沁色已渗入玉质纹理。"肉"与"好"的比例大体对称。素面无纹，通体抛光。（撰文、摄影：赵评春）

青玉珰珥坠　唐代

外径2.65、内径0.97、厚0.32厘米、内缘豁口横宽约0.28、纵长约0.47厘米

　　1993年经黑龙江省文物考古研究所发掘出土于宁安市莲花乡虹鳟鱼场渤海墓葬，现藏于黑龙江省文物考古研究所。

　　青白色玉质，内含黑色沁斑，圆环形，平面为板状，断面呈长方形。内圆为单面加工钻孔，孔壁一侧为斜面开口。内缘豁口为线拉加工制作，放大观察横剖面，有两面拉动加工所留下的细微条状痕迹。素面无纹，通体抛光。出土时位于墓主人头部耳侧，原钩挂饰件已无。据形制与出土位置判断应为耳饰金属钩挂珰珥环坠。　　（撰文、摄影：赵评春）

白玉管饰　唐代

———————————————————

长1.53、直径0.68、孔径0.19厘米

　　1994年经黑龙江省文物考古研究所发掘出土于宁安市莲花乡虹鳟鱼场渤海墓葬，现藏于黑龙江省文物考古研究所。

　　白色玉质，管状饰物，对钻穿孔，孔壁内略有折角接口。

（撰文、摄影：赵评春）

青玉璧 唐代

外径10.30、内径4.60、厚0.48厘米

  2004年出土于宁安市渤海上京城宫殿址，现藏于黑龙江省文物考古研究所。

  青色半透明玉质，表面多有黑色条纹沁痕，局部显微可见斑驳孔隙，其内多为微颗粒沙土淤积，通体抛光。圆形，平面呈板状，外缘稍薄。内孔由一面管钻开孔，内孔壁由上向下一面呈倾斜状壁面，内缘稍倒角，内缘边留一穿系绳带用的浅豁口。 （撰文、摄影：赵评春）

寿山石云龙摆件　唐代

通高10.45、底套座高0.65、中部盘龙最大径7.75厘米

　　2004年出土于宁安市渤海上京城内宫殿址，现藏于黑龙江省文物考古研究所。

　　浅白色半透明叶蜡石材质，亦称寿山石。整器呈圆柱体，通体透雕3条盘柱升龙。龙的造型基本相同，出土时已断裂，局部有缺失，修复后其缺失部位可在其他龙的相同部位得到补充性认识。3条盘龙前后掩蔽，突出每条龙的前半身，所谓"神龙见首不见尾"。龙首昂起，龙睛呈扁菱形，位于前鼻孔与口角之中，基本与龙下吻垂直。龙角与龙睛平直后伸，虬髯飘扬，项上龙鬣垂直。前肢粗壮，可见三爪。肘前阴刻细毛纹垂直向下，肘后阴刻细毛纹呈羊胡须状，向后横向飘起。左前爪向下支起，右前爪向上扬举，爪尖环绕于流云纹之中。龙体背部光滑无鳞，有一条脊骨节纹若隐若现。项前与腹下刻有横线节纹。3条龙下各有一只形似蟾蜍之兽，头部与前肢体藏于龙前身之下，露出的下半体为蹲踞状蟾蜍，后足为蛙类脚蹼，唯其脊骨环节凸起，连带出一条兽尾。根据其头部皆藏于龙腹之下，且为蹲踞之姿，初步推断应为传统文化认为的龙子一类瑞兽。

　　圆柱腔内上下贯通，上部为一套口，内壁下斜，腔内为侈口、斜壁。

　　底部为一浅插座，腔内下口为侈口、斜壁，腔内上下分别呈喇叭口状。镜下放大观察，腔内残存朱红痕迹和零星的浅蓝色斑点。

　　此件玉器出土之后，一直被认定为"权杖"。根据器物上下两侧皆为喇叭状开口，腔孔中部内径仅为2厘米，这类开口根本不适合套镶权杖杆。另外，叶蜡石的摩氏硬度为1～2度，此件摆件的硬度明显低于白银，属于宜磨损材质。同时，根据镜下放大观察，圆柱体喇叭状腔口内壁经拉工形成的纵向纹里没有套插权杖的磨损痕迹。考虑到玉器本身的造型特点，上部应为套插相应玉件的套口，底座应是插座于下部基座连接部分。因此，可以认为这件玉器是唐代渤海国宫殿内的摆件。此件玉器出土于宫殿一侧，当为废弃后的残物。其中的朱红痕迹和浅蓝色斑点，应是原摆件中的残留物质。

（撰文、摄影：赵评春）

红玛瑙立马摆件　唐代

长7.52、高5.95、厚2.65厘米

　　红玛瑙材质，圆雕立马，马头抬起，马眼凸出，左右分鬃，左侧鬃毛呈绺状，右侧鬃毛为细丝状，马背上备鞍，下垫障泥。左前蹄抬起，马尾盘起呈髻状。通体抛光。　　　　（撰文、摄影：赵评春）

黄玉石飞天佩　唐代

高6.73、宽8.23、厚1.13厘米

1974年出土于绥滨中兴金代墓葬，现藏于黑龙江省博物馆。

黄色寿山石（叶蜡石）材质。长方形单面透雕飞天造像，头发梳中缝，发髻盘起，面颊丰腴，上身侧体袒露，颈前戴有圆形项饰。下裳着裙裹体跣足。左臂端起，右臂上举，手持莲梗，莲叶随飞行而飘于身后，衣带飞扬，身下为灵芝纹祥云。此件玉佩在随葬之前已经断裂为两块，为墓主随葬之前修复，原用两根金丝穿孔绕于两圈拧结拼接，所用金丝直径为0.8毫米。

关于这件玉器的年代，根据飞天的造型，与唐代飞天相同，而与宋金时期飞天不同，尤其是出土时已残裂后又用金丝连接补修，反映出金代贵族对唐代玉器的重视。笔者考证后认为此玉佩为唐代玉器，随葬于金代贵族墓葬中。

（撰文、摄影：赵评春）

红玛瑙灯笼形六棱珠　辽代

外径1.03、孔径0.20、高0.77厘米

1985年出土于黑河四家子乡卡伦山村辽墓，现藏于黑河市瑷珲历史陈列馆。

红玛瑙材质，磨成六棱形珠，纵向对钻穿系孔。

（撰文、摄影：赵评春）

白玉梅花环枝佩　辽代

长3.10、宽3.98、厚0.38~0.42厘米

　　1987年出土于齐齐哈尔市富拉尔基人民武装部院内辽代墓葬，现藏于齐齐哈尔市博物馆。

　　白色玉质，纯净温润，板状单面镂孔透雕梅花环枝。正面环以花枝，中心衬托五瓣梅花。据单面花纹等特点判断，该玉器应是辽金时期舆服制度中的纳言。　　　　　　　　　　（撰文、摄影：赵评春）

青玉蕉叶童子坠　金代

高4.95、宽1.74、厚0.92、孔径0.12厘米

1974年出土于绥滨县中兴金墓，现藏于黑龙江省博物馆。

青白色玉质，多有黑褐色沁斑。圆雕童子，头戴短翅幞头，身着对襟衣衫，衣后中缝。左右交脚，右腿交叉于左腿前。左手平举持一枝叶，绕于后肩之上。在蕉叶梗下与左肩之间锥钻一穿系孔。

（撰文、摄影：赵评春）

白玉莲叶童子坠　金代

高5.70、宽2.65、厚1.50厘米

1992年出土于讷河市九井乡，现藏于讷河市博物馆。

白色玉质，局部有黑褐色痕迹。圆雕童子，额顶留一绺扁平桃形发。身着左衽交领短衣，腰间束带，下着裤管收口裤，足登尖顶鞋，交脚站立。双臂抬起，手持一莲叶梗，莲叶由左肩之上绕于背后，原后背梗下有一穿系孔，现已残。通体抛光。　　（撰文、摄影：赵评春）

白玉兰花童子坠　金代

高7.04、宽2.89、厚2.25厘米

1991年出土于逊克县边疆乡鹿场遗址，现藏于黑河市瑷珲历史博物馆。

白色玉质，局部有黑褐色痕迹。圆雕童子立像，头梳圆顶左向刘海，身着对襟袄，袄背饰打结双垂带。下身着收口长裤，足登尖顶鞋，右腿直伸，左膝微屈，双脚并拢。左手举持一枝兰花，花朵衬露于脑后，花梗与头侧形成一个穿系孔。右手端起，手臂上浮雕一圆形荷叶。通体抛光。按此童子头上的兰花曾被诸多文物专家认为是金代童子头戴之幞头，手持蕉叶。根据对实物的观察，白玉童子头后花纹的花瓣边缘十分清晰，可以确认是花朵纹而非冠饰，童子手持的花梗也与此花朵直接相连，并无蕉叶纹。

在绥滨、逊克与讷河的3个地点分别出土一件金代孩童坠饰。对于这类童子造型佩饰的名称，称谓不一。早期出土的这类人物造型玉雕坠饰曾被命名为"玉人"。后来由于这类所谓"玉人"的面貌、发式、衣着、姿态明显具有儿童模样，又被称之为"玉童"，也有称之为"莲孩玉"者。

《东京梦华录·七夕》记载：七夕前三五日，"小儿须买新荷叶执之，益效颦磨喝乐。儿童盖特地新妆，竞夸鲜丽。至初六七日晚，贵家多结彩楼于庭，谓之乞巧。楼铺陈磨喝乐、花瓜、酒炙、笔砚、针线，或儿童裁诗，女郎呈巧，焚香列拜，谓之呈巧。"由此可见，"磨喝乐"的基本造型应是小儿鲜丽新妆，手执荷叶的样子。《武林旧事·乞巧》曰：七夕节物有"泥孩儿，号摩睺罗，有极精巧饰以金珠者。"又"小儿女多衣荷叶半臂，手持荷叶效颦摩睺罗，大抵皆旧俗也。七夕前，修内司例进摩睺罗十桌，每桌三十枚，大者至高三尺，或用象牙雕镂，或用龙涎佛手香制造。"上述表明，"磨喝乐"是一种源于中原旧俗，手持莲花，衣着光鲜的孩童形象，其大小不等，是铺陈摆设造像。选用的材质有泥、象牙、沉香等。

本书收录的3件玉童的体形、服饰、神态等基本相同，但各自举臂持执的花枝分别是蕉叶、荷叶与玉兰。如果统称此类玉童坠为"磨喝乐"或"摩睺罗"，与文献中描述的"磨喝乐"的功能、规格以及材质均有所不同。如果泛称"莲孩玉"，则有悖于花纹特点。鉴于此，本书根据各自花纹的题材，分别命名为其花童子。

（撰文、摄影：赵评春）

白玉凤鸟衔莲花纳言　金代

长3.76、宽7.07、厚0.64厘米

1983年10月出土于哈尔滨市新香坊金墓，现藏于黑龙江省博物馆。

表面多为黄色沁痕覆盖，间或露出白色玉质。双面镂孔透雕凤鸟纹，冠羽长舒，羽端分叉为前后两卷。尾羽垂长，尾端透雕分为两卷。凤鸟展翅回首，口衔莲花，花梗由凤鸟喙纵向穿出。阴线雕三角纹眼，通体抛光。今据《金代服饰——金齐国王墓出土服饰研究》对于幞头与花珠冠后所佩白玉天鹅与白玉练鹊的综合研究，此件佩饰应为墓主冠后所佩的白玉纳言。

（撰文、摄影：赵评春）

白玉松下双鹿纹纳言　金代

长3.40、宽3.99、厚0.44厘米

　　1974年9月出土于绥滨县敖来密城北金代墓葬，现藏于黑龙江省博物馆。

　　白色玉质，单面透雕松下双鹿纹。外形为两棵松树冠顶相连搭在一起，树冠枝头松针纹清晰可辨，整体呈板状三角形。松树下前后有雌雄对鹿，后侧雄鹿昂首挺立，向前探头嗅闻前面的雌鹿。雄鹿头上雕琢一对片状大角，状似仙人掌。以往曾认为此为马鹿纹样，现据鹿角形状，笔者认为此鹿为驼鹿。玉质纯净，通体抛光。

　　驼鹿为典型的亚寒带针叶林动物，现生长在大兴安岭和小兴安岭等地区，据文献记载："驼鹿，出宁古塔（即今宁安地区）、乌苏里江，一名堪打罕，颈短形类鹿，色苍黄无斑，项下有肉囊如繁缨，大者至千余斤，角扁而阔，莹洁者为决胜象骨，俗呼扳指。"由此可见，此件玉器应是金代玉匠根据本土动植物的特点雕琢的玉佩。　　（撰文、摄影：赵评春）

墨玉鱼穿莲花佩　金代

长5.74、宽3.15、厚1.45厘米

　　1974年出土于绥滨县中兴金代墓葬，现藏于黑龙江省博物馆。

　　黑褐色玉质，半透明，摩氏硬度4～4.5度。圆雕鲤鱼衔莲花，正面由头至尾为弧线形，背面为直板面。鲤鱼正面为一荷叶遮掩鱼身，透雕莲梗围绕，鱼吻拱起一莲梗，首尾皆留有镂孔莲梗与荷叶形成的横向穿系孔。砣工阴线雕环眼，莲叶芯为环形，有砣工加工的尾痕。背面可见鲤鱼的头、眼、鳃、鳍、尾、鳞片等。鱼尾向上摆起，尾上露出半片小荷叶。

（撰文、摄影：赵评春）

青玉鱼衔莲叶纳言　金代

长6.12、宽3.69、上厚0.51、下厚0.35、孔径0.12厘米

　　1999年出土于绥滨县奥里米金代石椁墓，现藏于绥滨县文物管理所。

　　青色玉质，局部有白色沁痕。双面板状透雕鱼衔莲叶纹，鱼嘴上翘，鱼尾稍小而上摆，形似松花江当地水产白鱼。鱼衔莲叶，莲梗透雕在鱼吻上面。首尾两端有横向穿系孔，鱼腹下边有两个缝缀孔。砣工阴线雕环形双眼，两面通体抛光。　　　　　　　　　（撰文、摄影：赵评春）

黄玉石天鹅莲花纳言　金代

长3.85、高2.60、厚0.55厘米

　　1983年10月出土于哈尔滨市新香坊金墓，现藏于黑龙江省博物馆。

　　黄褐色玉石，材质较软，基本不透光。单面镂孔透雕天鹅莲花，阴线雕琢天鹅羽毛与莲花纹，锥钻圆孔形眼睛。天鹅浮游在莲花梗上，荷花含苞待放，向上翘起与天鹅喙下相连。天鹅背上露出一枝莲叶，两端斜向与鹅头及翅羽相连，整体呈板状三角形。正面及边缘端面皆抛光，背面磨平。根据金代服饰佩玉的特点，此件玉器应为金代舆服制度中穿系在冠后的纳言。

（撰文、摄影：赵评春）

白玉石天鹅莲花纳言　金代

长3.85、高2.56、厚0.52厘米

1983年10月出土于哈尔滨市新香坊金墓，现藏于黑龙江省博物馆。

白灰色玉石，材质较软，基本不透光。单面镂孔透雕天鹅莲花，阴线雕琢天鹅羽毛与莲花纹，锥钻圆孔形眼睛。天鹅浮游在莲花梗上，荷花含苞待放，向上翘起与天鹅喙下相连。天鹅背上露出一枝莲叶，两端斜向与鹅头及翅羽相连，整体呈板状三角形。正面及边缘端面皆抛光，背面磨平。

按此件玉器与同一墓葬出土的黄色玉石透雕天鹅莲花佩的形制相同，属于两块玉板同时上下合拼加工。　　　　　（撰文、摄影：赵评春）

水晶卧兔坠　金代

长3.63、高2.05、厚1.75、孔径0.23厘米

　　1974年9月出土于绥滨县辽金时期敖来密城址，现藏于黑龙江省博物馆。

　　白色透明水晶材质，圆雕，砣工琢磨肢体条纹痕迹，阴线雕扁圆形兔眼纹，腹背居中纵向对钻穿系孔。腹底平面为"王"字出头纹样，出头部分朝嘴下方，用以区别四爪。表面抛光，肢体条痕内未经抛光。穿孔上口部略有残损。

（撰文、摄影：赵评春）

黄玉石鱼穿莲叶佩　金代

长6.27、宽3.84、厚0.95厘米

　　1983年出土于哈尔滨市新香坊金墓，现藏于黑龙江省博物馆。

　　牙黄色玉石材质，板状双面透雕鱼穿莲叶，出土时已残裂。阴线雕琢鱼鳃、尾鳍、莲叶、花蕾等，鱼体无鳞，一侧可观察出修复胶合下的锥钻圆孔形鱼眼纹。鱼穿于莲花之下，吻部拱起一根莲梗，透雕莲梗为环形穿系孔，莲叶分于鱼两侧。原为组件之一，佩戴时透雕莲梗形成的环在上穿系绦带，鱼头向上、尾向下，两侧为莲花梗叶。上面穿过一件黄玉石菱角坠，再上为两块叠放的双孔长方形黄玉石板饰。

（撰文、摄影：赵评春）

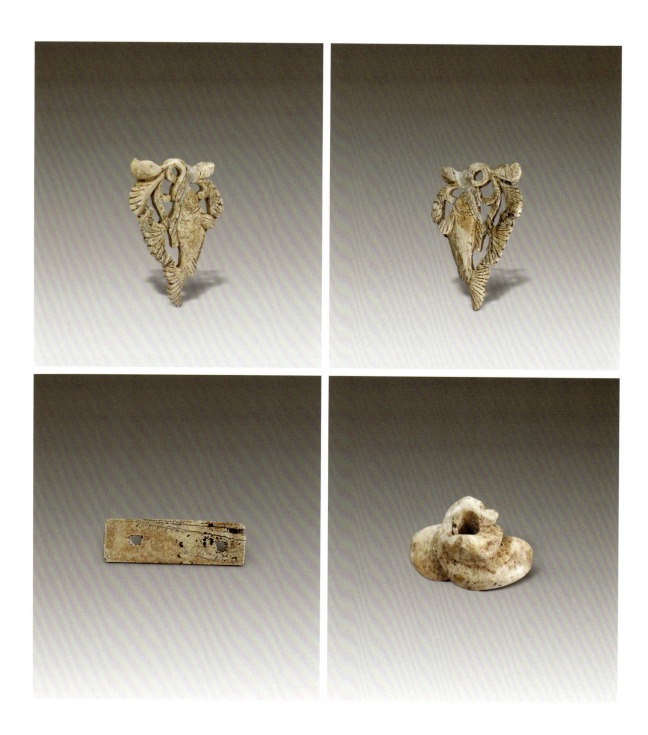

青玉宋人献宝带板　金代

长4.90、宽5.45、厚0.80厘米

1976年4月11日出土于阿城县白城三队金上京城遗址内，现藏于阿城金上京历史博物馆。

青色玉质，扁方板形，单面剔地起花雕琢宋人献宝纹样，正面四边倒斜角，背面四角各钻有一对斜角对穿缀孔。

按此，此玉器原被定为宋代玉器。今考察其纹样，人物侧身仰视，头上除去冠饰，发髻上拢，头戴小帽，身着广袖袍，胸部束以系带，身后披一斗篷，人物矮身，长袍着地遮蔽双膝作跪地状，环袍底缘外露出一圈椭圆形条纹席位座垫，广袖齐于垫上。双臂仰举，手持一宝物向上奉献，背后斜插一件类似于骨朵杖之类的饰物。金代女真贵族为髡发，身着左衽窄袖袍，而此人物的发式与衣着有宋人特点，而且宋金时期双方国势强弱悬殊，宋人始终向金朝进贡，因此其应为金代雕琢的宋人献宝带板。

（撰文、摄影：赵评春）

白玛瑙团花带饰　金代

长3.64、宽2.52、厚1.70、孔长1.25、孔宽0.33厘米

　　1978年9月出土于阿城金代半拉城址，现藏于金上京历史博物馆。

　　白褐色玛瑙材质，双面雕团花纹样，纵向条状穿带孔，通体抛光。该玉器应是穿带饰件。　　　　　　　　　　　　　（撰文、摄影：赵评春）

青玉花叶纹带銙 金代

长4.04、宽3.23、厚0.90厘米

　　出土于阿城阿什河乡白城四队金上京城址内，现藏于金上京历史博物馆。

　　青色玉质，整体为长方形，上下为直边，前侧边中部为锐角凸出，上下两角为倭角，后侧边上下角为锐角凸出，中部对应前边为倭角。单面镂孔透雕花叶纹，花为七瓣，砣具碾成凹面尖角状花瓣，花蕊细长，三角形齿状叶片，阴线雕琢叶脉纹。背面边缘磨制成平面，上下与前侧边居中皆有缝缀用对顶斜孔，雕花部分背面凹进。

（撰文、摄影：赵评春）

青玉双鸿带板 金代

长2.50、宽3.75、厚0.36厘米，带孔长0.9、宽0.23厘米，小孔长0.32、宽0.16厘米

1978年出土于阿城金代半拉城址，现藏于阿城金上京历史博物馆。

青灰色玉质，局部有黑褐色沁斑。椭圆形，两侧长短各有一圆角穿带孔，长孔略呈弧形，长孔里侧边中间略有倭角。外缘留边，单面剔地起花，雕琢两只鸿雁，其中一只鸿雁伫立在水畔，回首仰视天空，后侧一只鸿雁展翅飞来，作欲降落姿态。天空有灵芝云纹，水滨有芦苇。背面为平面，通体抛光。 （撰文、摄影：赵评春）

白玛瑙半圆形佩　金代

长5.65、宽10.32、厚1.54厘米

　　2004年出土于阿城阿什河乡西兴屯金上京城皇城址内，现藏于阿城金上京历史博物馆。

　　白乌色玛瑙，整体为半圆形，正面起鼓形弧面，素面无纹。由底面直边向半圆边磨制为薄边。半圆弧边两侧端面对钻斜角顶孔，顶端面有一纵向小浅半孔。孔内尚存有青铜丝对顶穿插使用的痕迹。背面为平面，通体抛光。　　　　　　　　　　　　　（撰文、摄影：赵评春）

白玛瑙团花带扣　金代

长5.50、宽4.52、厚1.35厘米

　　1986年7月出土于阿城金代半拉城遗址，现藏于阿城金上京历史博物馆。

　　白褐色玛瑙，正面为六瓣团花纹样，留有带扣眼，后背有横穿带孔。通体抛光。　　　　　　　　　　　　　（撰文、摄影：赵评春）

青玉荷花带銙　金代

长4.00、宽4.06、厚1.10厘米

1987年出土于阿城半拉城金代城址，现藏于阿城金上京历史博物馆。

青白色玉质，整体呈圆形，外缘为圆边，单面镂孔透雕团花纹双荷花，花纹平面略高于边缘，砣具碾琢花瓣凹面。莲蓬平面呈圆形，阴线雕琢菱形网格纹莲子孔。带銙背面有条状扁口穿带孔，通体抛光。

（撰文、摄影：赵评春）

黄玉石竹节组佩　金代

　　1980年出土于阿城阿什河乡双城三队，现藏于阿城金上京历史博物馆。

　　征集时已经散乱，佩饰组件的具体位置、原件数已不详。黄泛白色玉石材质，半圆雕双排竹枝，每枝3~4节，双排竹节相连，共为6件，另有3件环形五角黄玉石竹节佩饰。　　　　　（撰文、摄影：赵评春）

黄玉石竹节佩 金代

长7.00、宽2.30、厚0.90厘米

　　1980年出土于阿城阿什河乡双城三队，现藏于阿城金上京历史博物馆。

　　黄泛白色玉石材质，半圆雕双排相连竹枝，每枝4节。半圆雕正面通体抛光。背面磨平，四角留有对顶斜角穿孔。孔内留有残青铜丝，并填充有毛绳纤维。　　　　　　　　　　　（撰文、摄影：赵评春）

黄玉石五角竹节带饰　金代

长2.55、宽2.14、厚0.84厘米

1980年出土于阿城阿什河乡双城三队，现藏于阿城金上京历史博物馆。

黄泛白色玉石材质，半圆雕竹节纹，外缘为五角形，中心钻内圆孔，正面抛光。背面磨平，上角与两侧边均留有斜对顶穿孔，孔内尚有残铜丝，并填充有毛绳纤维。　　　　　　　（撰文、摄影：赵评春）

青玉卧羊坠　金代

长3.20、高1.95、厚1.02、孔径0.35～0.53厘米

1988年出土于阿城金上京城，现藏于阿城金上京历史博物馆。

青色玉质，圆雕卧羊，形态似山羊，阴线雕四肢屈膝卧地，回头平视，未雕琢口眼纹线，双耳略小，体后阴线雕羊尾。后背中部纵向对钻穿孔，体下雕琢"十"字形纹，用以区分四肢。

（撰文、摄影：赵评春）

青玉石虎头佩 金代

高2.44、宽5.35厘米

　　1980年出土于阿城半拉城金代城址，现藏于金上京历史博物馆。

　　青色叶蜡石材质，圆雕虎头，虎口内镂孔，门齿中间部分闭合，上下犬齿相连。雕工稍粗，狮虎形态不易分辨，唯头顶部阴线刻一"王"字，可判断为虎头。

（撰文、摄影：赵评春）

青玉剑柄　金代

长12.80、宽3.19、厚1.82厘米

2004年出土于阿城阿什河乡西兴屯，现藏于阿城金上京历史博物馆。

青色玉质，上部有暗红褐色沁痕，扁圆柱体柄，端面呈椭圆形。剑柄底面略起弧，通体抛光。剑柄前端琢磨有镶口用浅槽，上口顶端留有纵向插柄孔，插孔的横面留有一横穿孔。插孔内尚有残存的剑柄铁芯。

（撰文、摄影：赵评春）

白玛瑙刀柄　金代

长8.66、宽1.85、厚0.95厘米

2004年出土于阿城阿什河乡西兴屯，现藏于阿城金上京历史博物馆。

略呈浅白泛黄色透明玛瑙材质，局部有褐色斑痕，扁圆柱体，通体抛光。刀柄前端留有镶口用浅凹槽，用以套镶金属柄箍。刀柄尾端后面抹斜边，其前面对应为凹弧边。刀柄前端有一插孔，用于镶装刀具。

（撰文、摄影：赵评春）

青褐玛瑙碗 金代

口径10.23、足径4.25、高4.85厘米

　　2004年出土于阿城阿什河乡西兴屯金上京皇城址内，现藏于阿城金上京历史博物馆。

　　青褐色玛瑙材质，局部呈黄褐色，六瓣花口，圈足，里外通体抛光。

（撰文、摄影：赵评春）

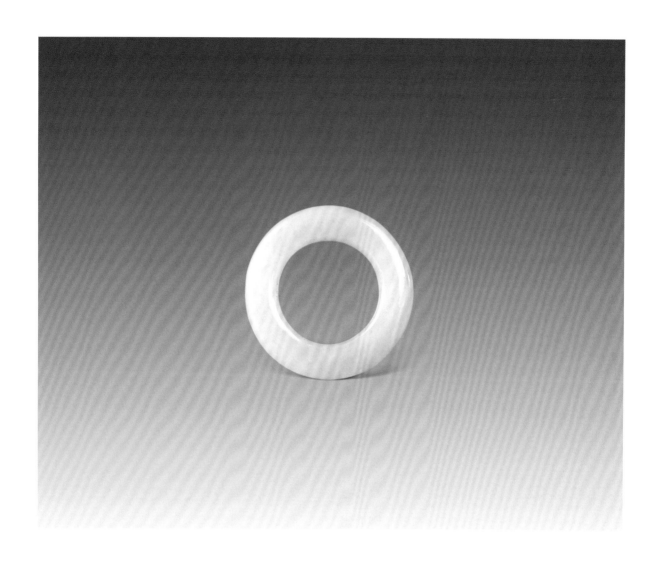

白玉环 金代

外径4.52、内径2.68、厚0.72厘米

    1998年出土于绥滨县奥里米金代墓葬，现藏于绥滨县文物管理所。

    白色玉质，局部有水沁斑痕，圆形，通体抛光。

（撰文、摄影：赵评春）

白玉椭圆形双孔佩　金代

长2.33、宽1.80、厚0.20、上孔径0.22、中孔径0.27厘米

2004年出土于绥滨县白龙泡墓群，现藏于绥滨县文物管理所。

白色玉质，局部有白色水沁。椭圆形，平面呈板状，上下对钻双
孔，通体抛光。　　　　　　　　　　　　　　　　（撰文、摄影：赵评春）

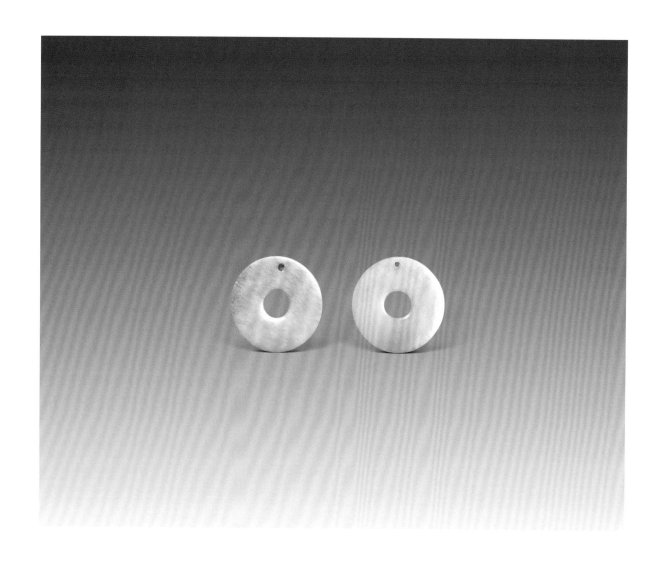

白玉环 金代

外径2.50～2.55、内径0.70～0.72、厚0.25～0.27、孔径0.10～0.17厘米

　　1998年出土于金上京城西外侧、阿骨打陵北侧金代墓群，现藏于阿城文物管理所。

　　白色玉质，表面多为牛毛纹黑褐色沁痕。墓中出土一对，是墓主佩戴的耳饰，内孔与穿孔皆为一侧单面划窝锥钻孔。

（撰文、摄影：赵评春）

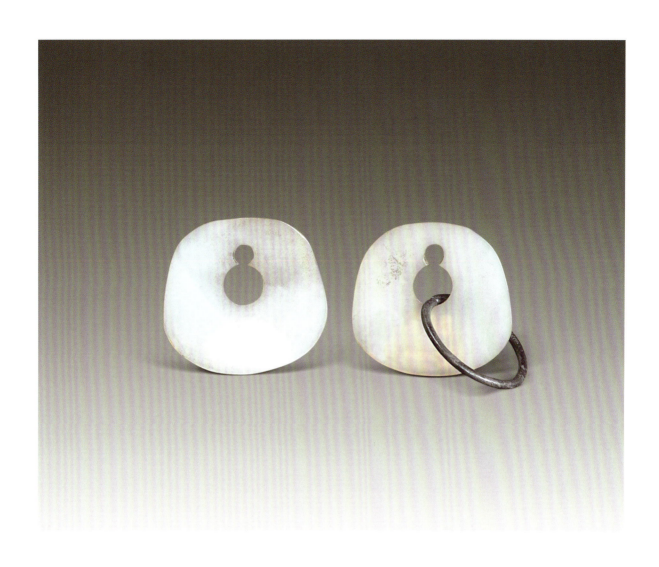

白玉银环方形珰珥　金代

有银环珰珥长4.02、宽4.32、厚0.25、上孔径0.50、下孔径1.03厘米，缺银环珰珥长4.13、宽4.40、厚0.21、上孔径0.48、下孔径1.03厘米

1977年出土于依兰县晨光水电站，现藏于依兰县博物馆。

白色玉质，器形为板状，外缘呈方形，上下抹角呈弧形边，内为上下大小两个相切圆孔，内外边缘为直角边。素面无纹，通体抛光。原应穿银环戴于耳下。　　　　　　　　　　　　　（撰文、摄影：赵评春）

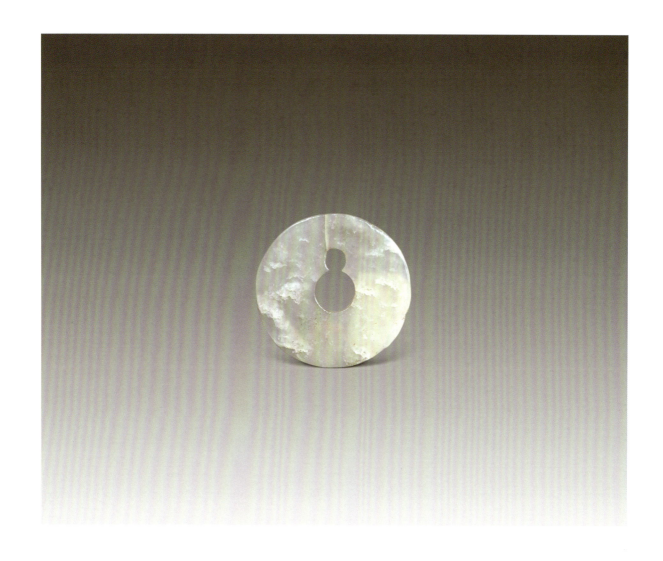

白玉圆形珰珥 金代

外径3.94、厚0.22、上孔径0.50、下孔径1.01厘米

　　1981年出土于依兰县现园林处院内，现藏于依兰县博物馆。

　　白色玉质，局部有脑状白色沁。圆形，板状，边缘稍倒角。内为上下大小两个相切圆孔，应穿环戴于耳下。素面无纹，通体抛光。表面有一条长约2.22厘米的砣工痕迹。　　　　　（撰文、摄影：赵评春）

白玉圆形珰珥　金代

外径3.76、厚0.20、上孔径0.50、下孔径0.86厘米

1981年出土于依兰县现园林处院内，现藏于依兰县博物馆。

白色玉质，局部有黑斑沁。圆形，板状，边缘稍倒角。内为上下大小两个相切圆孔，双面锥钻，开口呈不规则斜口状。应穿环戴于耳下。素面无纹，通体抛光。　　　　　　　　　　（撰文、摄影：赵评春）

（撰文、摄影：赵评春）

青玉圆形珰珥　金代

外径3.50、厚0.15、上孔径0.48、下孔径0.97厘米

1981年出土于依兰县现园林处院内，现藏于依兰县博物馆。

青色玉质，局部有白点沁斑。圆形，板状，边缘为直角，单面管钻，孔壁垂直，内为上下大小两个相切圆孔。素面无纹，通体抛光。

（撰文、摄影：赵评春）

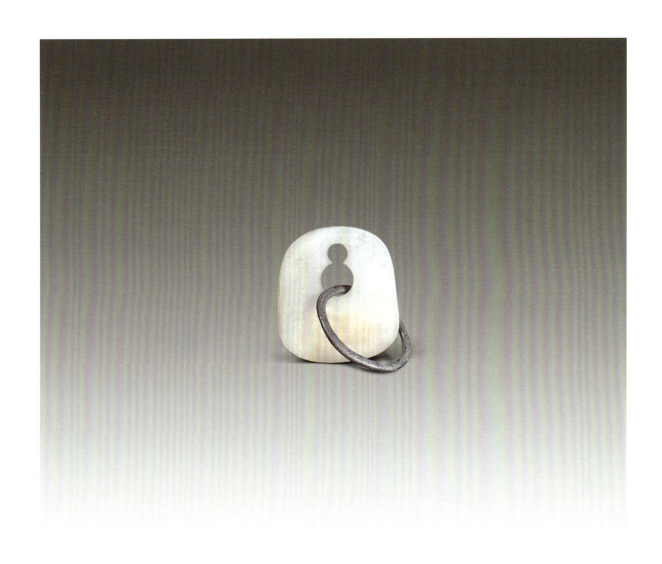

白玉银环方形珰珥 金代

长3.60、宽3.28、厚0.21、上孔径0.52、下孔径0.86厘米

1977年出土于依兰县晨光水电站，现藏于依兰县博物馆。

白色玉质，器形为板状，外缘两侧呈直边梯形，上下两端抹角为弧形边，内为上下大小两个相切圆孔，内外边缘皆为直角边。素面无纹，通体抛光。应穿银环戴于耳下。　　　　　　　（撰文、摄影：赵评春）

青白玉带扣　金代

长9.22、宽6.01、厚1.55厘米

1982年9月出土于依兰县五国城北城垣外,现藏于依兰县博物馆。

青白色玉质,局部有条状褐色沁。椭圆形,板状,起弧形面,背面为圆形带扣纽与椭圆头带钩纽。素面无纹,通体抛光。

(撰文、摄影:赵评春)

水晶珠坠　金代

长2.57、宽2.63、厚2.05、孔径0.23厘米

1998年出土于绥滨县奥里米金代墓葬，现藏于绥滨县文物管理所。

白色透明水晶材质，局部有褐色水锈沁斑。椭圆形。

（撰文、摄影：赵评春）

青玉罐　金代

口径3.90、腹径5.06、底径2.33、高3.90厘米

　　1986年征集于鸡西市滴道区，现藏于鸡西市博物馆。

　　青褐色玉质，局部有黄褐色裂纹状沁痕，通体抛光。罐为圆口，微斜肩，鼓腹，假圈足，平底。

　　该罐曾被认为是清代玉器，笔者根据罐的造型及出土时的沁痕，认为是金代玉器。　　　　　　　　　　　　　　（撰文、摄影：赵评春）

白玉天鹅衔莲花纳言　金代

高4.47、长3.96、厚0.7厘米

　　1988年经黑龙江省文物考古研究所发掘出土于金代齐国王墓，现藏于黑龙江省博物馆。

　　白玉材质，板雕天鹅浮于水面，通体纹理清晰，双翅羽端略露出体外。天鹅曲颈昂首，口衔莲梗，莲花反伸于颈后。两只天鹅成对，各钉缀在垂脚幞头后下缘部左右两侧，胸下镂孔钉皂罗缀带，尾下孔穿系垂脚带。

　　此件玉器出土时完好无损地系在幞头之后，据考证应为古代舆服制度中的纳言。

（撰文、摄影：赵评春）

白玉练鹊纳言　金代

长5.71、宽6.54、厚0.47厘米

　　1988年经黑龙江省文物考古研究所发掘出土于金代齐国王墓，现藏于黑龙江省博物馆。

　　白玉材质，板状，透雕练鹊纹纳言。双鸟展翅，每只练鹊喙端各啄一团花相连接，各衔一枝花梗，由鸟喙中间纵向穿出，双尾尾端相接。

（撰文、摄影：赵评春）

红玛瑙赤金项链 金代

总长约63厘米、玛瑙管长3.3~6.0、管径0.7~1.0厘米，金丝管长2.0~3.6、管径约0.7厘米

    1988年经黑龙江省文物考古研究所发掘出土于金代齐国王墓，现藏于黑龙江省博物馆。

    红色玛瑙材质，管体抛光，内钻穿孔。金丝呈赤金色，纯度较高。佩于女项胸前，项带为棕罗绦，对结于颈后，两端丝绳分穿并排3组红玛瑙管间金丝缠绕管。每组以5个红玛瑙管间饰4个金丝缠绕管，3组坠饰共15个玛瑙管、12个金丝管。中右上端一节玛瑙管入葬前断裂为二，其上段2.4厘米、下段2.8厘米，上下间有生前使用的痕迹。

    中古时期，玛瑙为佛家七宝之一。史载"玛瑙，鬼血所化"（《海录碎事》卷十五，上海古籍出版社，1991年），并以"红多者为上。古云：玛瑙无红一世穷"（《格古要论》卷中，上海古籍出版社，1993年），可见在中古时期红玛瑙亦为珍宝，用以象征富贵。

（撰文、摄影：赵评春）

白玉鹅坠　金代

长2.7、高1.7、厚1厘米

　　1988年经黑龙江省文物考古研究所发掘出土于金代齐国王墓，现藏于黑龙江省博物馆。

　　白玉材质，圆雕二鹅，彼此盘颈。原佩系于男腰勒帛右后侧，鹅坠上为蒜母结穿绳，系于白玉瓜棱坠下端金节轴环上，金轴环上另端棕色丝绳吊系于勒帛之上。　　　　　　　　　　（撰文、摄影：赵评春）

墨玉镶金轴鹿卢佩 金代

墨玉高6.3、宽约4厘米

　　1988年经黑龙江省文物考古研究所发掘出土于金代齐国王墓，现藏于黑龙江省博物馆。

　　佩系于男墓主外袍大带右后侧，墨玉上未雕琢花纹，黑褐色有盘磨光泽。上首部装置金质多向轴式转动结构。

　　金挂梁上原穿系窄条皮带，出土时皮带已朽烂，垂长约30厘米，皮带另端穿一金环。　　　　　　　　　　　　　　　（撰文、摄影：赵评春）

绿松石蟾蜍坠　金代

　　1988年经黑龙江省文物考古研究所发掘出土于金代齐国王墓，现藏于黑龙江省博物馆。

　　绿松石材质，圆雕蹲伏状蟾蜍，双眼突出，腹背部纵向穿孔，穿系坠在香盒上。出土时佩于女服外袍大带右折垂带之腰间。

（撰文、摄影：赵评春）

白玉菱角坠　金代

宽3.55、高1.94、厚约1.2、孔径0.44厘米

1988年经黑龙江省文物考古研究所发掘出土于金代齐国王墓。

白玉材质，圆雕菱角形坠，中部鼓腹，四边渐收。一面色白质纯净，另面两耳部略有褐色沁。角耳根部前后面上下左右琢四朵水浪纹。原放置于墓主袍襟内左手怀中，白玉菱角坠穿系于素绢佩巾角上。

（撰文、摄影：赵评春）

白玉具剑 金代

总长约32.7、剑柄长7厘米

　　1988年经黑龙江省文物考古研究所发掘出土于金代齐国王墓，现藏于黑龙江省博物馆。

　　原以皮条束套剑鞘上口，吊系于男墓主大带偏左后侧，出土时剑体已锈蚀在剑鞘中，二者未得分离。剑身为铁质，两面刃口，剑体前端为锐锋。

（撰文、摄影：赵评春）

金托绿松石珰珥 金代

通高3.85、通宽2.45厘米

1988年经黑龙江省文物考古研究所发掘出土于金代齐国王墓，现藏于黑龙江省博物馆。

出土时坠于女头骨两侧耳下部，为其双耳坠饰之金珰珥。左右各一，形制相同。出土后左珰珥圆芯座内所嵌珍珠尚在，右珰珥圆芯座内珍珠已分层残脱。金珰珥座采用掐丝滴珠工艺，造型为三片桃形，内嵌绿松石，中部圆芯内嵌珍珠。三瓣间为卷蔓纹。背部焊接金挂钩。

据出土时单瓣桃形叶尖向头上方，珍珠石面坠向枕面等判断，珰珥原戴于耳部为单瓣尖向上、双尖下向肩部。金座边缘卷蔓金丝纹厚0.1厘米，滴金珠直径约0.05厘米，其中圆芯遏饰滴金珠沿里缘每珠相沿排列，外缘环里圈滴珠每间隔二珠切角中加一珠，平面为三珠相切，似"品"字形，在此三珠中心之上再堆加一珠。其中左珰珥环圆芯座边计26组滴珠，右珰珥环圆芯座边计28组滴珠，构成环圆芯边纹饰，其桃形叶瓣类似圆芯边饰，唯无上层堆加滴珠，只是内外3珠相连为一组，环边相沿排列。卷蔓金丝上为单组排列滴珠加饰。金座底面为细绳纹金丝构成水浪等图案。据镜下放大观察，座底金丝缝隙间残存有焊接黄金所用油脂焊料。一根极细二股毛绳穿繁在圆芯珍珠底座背面。出土后右珰珥珍珠上下层分裂，其下层仍粘在圆芯座内，左珰珥珍珠已松动，仅为暗穿细毛绳所系。据残存珍珠底半部分仍嵌在圆芯座内看，所嵌珠的直径当略同于金托圆芯座内径。据对其中一粒已脱绿松石的观察，松石料侧面横钻一个直径0.2厘米的暗孔，当为穿绳固定松石之孔。

《释名》："穿耳施珠曰珰。此本出于蛮夷所为也，蛮夷妇女，轻浮好走，故以此珰垂之也。今中国人效之耳。"（《释名·释首饰》卷四，上海古籍出版社，1984年）《风俗通》："耳珠曰珰。"（《太平御览·服用部》卷七一八引《风俗通》，上海古籍出版社，1960年）《杂事》："与耳中金珰一双。"（《太平御览·珍宝部》卷八〇三引《杂事》，上海古籍出版社，1960年）《海录碎事》："金珰，耳珠也。"（《海录碎事》卷十五，上海古籍出版社，1991年）

上述史料表明，穿耳孔所佩坠饰本曰"珰"，所谓珠者即珍珠。以金制造者则为"金珰"，宋时称"珰珥"（《太平御览·服用部》卷七一八引《风俗通》，上海古籍出版社，1960年）。今出土实物，以黄金制耳饰，镶以珍珠松石，故定名为"金托绿松石珰珥"。

金珰珥圆芯座内径1.05厘米，深约0.3厘米，其中镶嵌之珠适宜半球体珍珠。据《南越志》载：诸珠之首为"有光彩，一边小平，似覆釜者，名珰珠"（《太平御览·珍宝部》卷八〇三引《杂事》，上海古籍出版社，1960年）。按此即底平上圆之半球状珍珠，所以名之曰"珰珠"，是以此天然异形珠适合镶嵌"珰珥"而得名，可知珰珥所用半球状之珠为珠中上品。

中国传统文化中以珠玉为上品，黄金次之。而珠尚在玉之先，宋代排定珍宝名序，尤以珠在玉先，足见珠饰弥足珍贵，所谓"识珍者，必拾浊水之明珠"（《事类赋·宝货部》卷九，中华书局，1989年），世俗则称之为珍珠。古人将绿松石归入广义的美玉之类，亦为珍宝。

（撰文、摄影：赵评春）

青玉龙佩　金代

长4.10、高3.00、厚1.30厘米

征集于金上京城内。

青色玉质，镂孔圆雕升龙。龙首挺拔，龙颚张扬，口含一珠，龙鬣奋起，龙爪后各有一绺龙毛，通体作升龙状。前爪与龙尾稍残，通体抛光。

（撰文、摄影：赵评春）

青玉龙纹纳言 金代

长4.83、高3.73、厚0.65厘米

征集于金上京城。

青色玉质，单面透雕龙纹。龙首向下，龙尾反绕于上面，龙颚上扬，龙口张开，喷出一火焰珠。 （撰文、摄影：赵评春）

羊脂玉螭虎佩　金代

长5.03、高2.30、厚0.95厘米

征集于金上京城。

羊脂白色玉质，单面雕螭虎纹，眼睛突起，向前平视，眼角向后，双耳突立，口齿微张，鬃鬣飞扬。前肢上下交叠，中间开一夹孔。后肢并拢，螭虎尾尖与后肢相连，形成一个穿孔。前后肢伸展，作奔腾跳跃状。背面前后两端各有一对"V"形孔，当为钉缀佩饰所用。

（撰文、摄影：赵评春）

黄寿山石卧马摆件 金代

长6.98、高5.80、厚3.20厘米

征集于金上京城。

黄色寿山石材质，圆雕卧马。马头昂起，锥钻小圆坑形双眼，左右分鬃，鬃毛呈绺状。卧马摆件的最厚部位在前胸，臀部造型渐窄。

（撰文、摄影：赵评春）

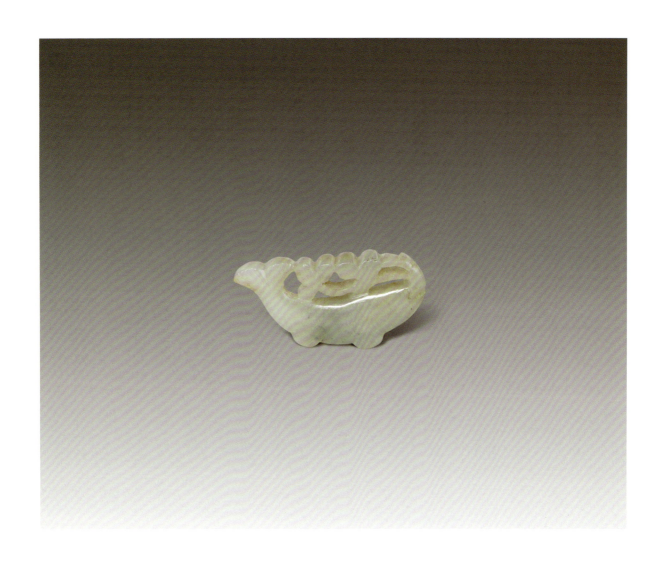

青玉鱼衔莲花佩 金代

长4.95、高2.55、厚1.30厘米

　　青色玉质，双面透雕游鱼口衔莲花梗，莲花浮于鱼背之上，鱼尾向上翘起。锥钻浅圆孔形鱼眼。通体抛光。　　（撰文、摄影：赵评春）

青玉鱼衔花梗佩　金代

长4.00、宽2.85、厚0.80厘米

　　青色玉质，圆雕鲤鱼，口衔花梗向下弯曲，形成一条状穿孔。圆环形鱼眼，鱼尾亦向下弯曲，作摆尾鱼跃状。通体抛光，局部有红褐色沁痕。　　　　　　　　　　（撰文、摄影：赵评春）

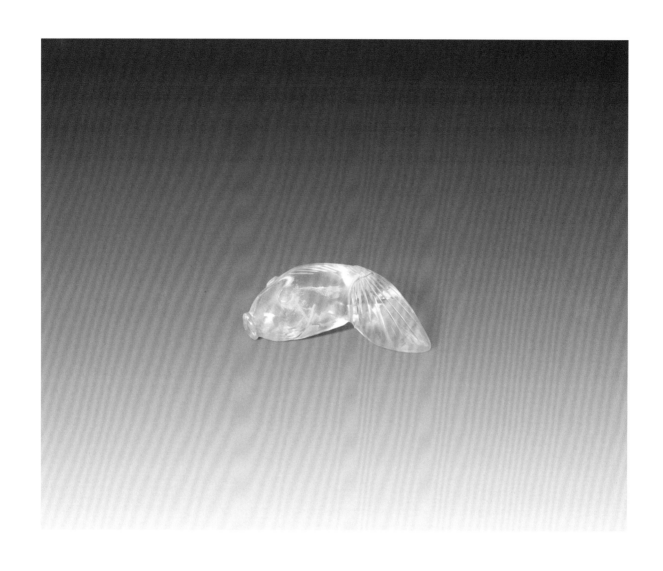

水晶金鱼坠　宋金时期

通长4.50、尾宽1.80、腹厚1.63、口径0.28厘米

　　征集于金上京地区。

　　天然透明水晶材质，圆雕金鱼。金鱼作转体摆尾状，圆形双眼砣工碾琢凸起，管钻鱼口圆唇张开，下颌有一圆孔相通。通体抛光，晶体纯净。　　　　　　　　　　　　　　（撰文、摄影：赵评春）

黄玉牡丹纹带扣　金代

长6.10、宽3.94、厚1.43厘米

征集于金上京城。

黄色玉质。长方形带扣，四边方框，正面透雕牡丹花纹，扣孔为方形。里侧为长方形穿带孔。　　　　　　　　　　　（撰文、摄影：赵评春）

白玉杯 金代

口径3.43、足径2.66、高3.40厘米

征集于金上京城。

白色玉质，局部有黄褐色沁斑。杯为侈口，薄壁，圈足。杯内容量约为40毫升。

（撰文、摄影：赵评春）

白玉盒 金代

通高4.23、盒高3.47、盖厚1.00、外径5.10、内径4.05厘米

征集于金上京城。

纯白玉质。圆形直壁盒。平顶盒盖，盖内中部为圆形台，边沿留平口。盒底面为平底，内起圆弧形底。根据残存在盒盖内圆形凹边以及盒里内底凹边残存的朱红色痕迹判断，其应为白玉朱红印泥盒。

（撰文、摄影：赵评春）

青玉磬　宋金时期

长18.45、高8.58、珥高1.45、厚0.90厘米

青色玉质，道教礼用乐器。双面板雕，平面为鞍桥形。上边左右两侧分别为玉磬吊珥，左珥已残。正面略微突起，上部左中侧琢有六星相连。根据五代时期吴越国康陵出土的星象刻石，紫微垣内有六星相联的"勾辰"，人马座内有六星相联的"斗"星。二者与磬上所刻之星极为相似。右侧为上弦月，下部主题为山岩纹样，右下角有海涛纹，一缕香烟于苍穹之间缭绕。后为平板面，横空雕琢七星相连，下为山峰，两侧为海涛纹。海天之间，两缕香烟弥漫。通体抛光，局部有褐色沁纹。

初步认为玉磬上的纹饰属于道教崇拜纹饰。道教历来尊崇自然界的日、月、星、辰以及山、海等。香烟缭绕也是道家的传统纹样。《太上玄灵北斗本命延生妙经》发炉赞："炉烟起篆道腾祥，诚心一炷喷天香。缭绕透穹苍，周遍十方，诸神现金光。"由此可见，玉磬纹样中的星象、下弦月以及海山纹等，尤其香烟缭绕于苍穹之间，是道教的典型纹样。道教祭祀礼器中亦有磬，玉磬当为礼乐器中的上品。

（撰文、摄影：赵评春）

青玉双螭耳杯 明代

高3.85、宽12.32、口径8.01~8.05、足径4.43、耳高3.85厘米

1978年出土于依兰县达连河镇长兴村，现藏于依兰县博物馆。

青色玉质，局部有条状褐色沁痕。玉杯外壁浅浮雕薄意山水、松柳、屋宇、人物及扁舟等，双耳为夔龙，张口吞衔杯沿，圈足。杯内壁素面无纹，内外通体抛光。　　　　　　　　　　（撰文、摄影：赵评春）

黄玉石双狮坠 明代

长7.5、宽3.5、高3.7厘米

1993年国家调拨，现藏于黑河市瑷珲历史陈列馆。

黄色玉石材质，质地较软，摩氏硬度为3.5～4度。圆雕一卧狮，抬头向右平视，前爪抚弄项下所伏一小狮子。卧狮右耳下锥钻一圆孔，右侧前后肢之间以及左前肢间各钻一孔，小狮子前后肢之间亦有钻孔。通体抛光。 　　　　　　　　　　　　　　　　　（撰文、摄影：赵评春）

青白玉蟠龙纹带扣　明代

长7.9、宽3.85、带板厚0.85厘米

1986年征集于黑河市爱辉区爱辉镇，现藏于黑河市瑷珲历史陈列馆。

青白色玉质。长方体板状起弧形，四角为倭角，沿边框起棱线。带扣面上剔地浅浮雕蟠龙纹，口鼻突出，转体回首，龙鬣向后上卷，四爪伸开，前后共有4朵云团。里面为两个圆帽柱纽。通体抛光。

（撰文、摄影：赵评春）

白玉蟠螭菊花纹带扣 清代

蟠螭头扣鼻，通长5.95、宽3.95、厚1.85厘米
菊花纹扣孔，通长6.30、宽4.04、厚2.07厘米

　　20世纪70年代末至80年代初依兰县文物管理所征集，现藏于依兰县博物馆。

　　白色玉质，左右合成一对带扣。正面剔地起花碾琢菊花纹，一侧为菊花纹板状蟠螭头扣鼻，另一侧为菊花纹板状扣孔，背面为方槽形穿带孔。通体抛光。　　　　　　　　（撰文、摄影：赵评春）

青玉蟠螭纹带扣 清代

_____

长10.10、宽3.20、厚1.20厘米

　　1982年出土于讷河市孔国乡双发村清代墓葬，现藏于讷河市博物馆。

　　青色玉质，左右合成一对带扣。两块带扣板正面浮雕蟠螭，一侧勾起为蟠螭头扣鼻，另一侧为蟠螭纹板状扣孔，背面为方槽形穿带孔。通体抛光。　　　　　　　　　　（撰文、摄影：赵评春）

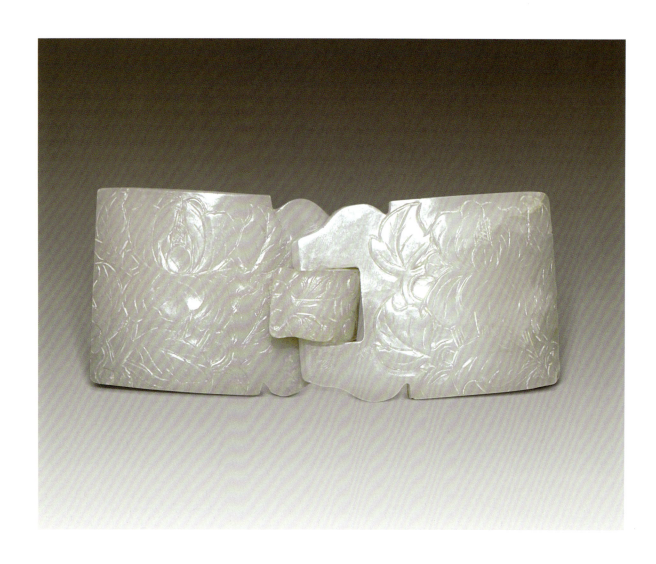

青白玉牡丹纹螭头带扣　*清代*

通长12.8、宽5.35、厚2.3厘米

1993年6月国家调拨，现藏于黑河市瑷珲历史陈列馆。

青白色玉质，左右合成一对带扣。两块带扣板正面浅浮雕牡丹纹，一侧勾起为蟠螭头扣鼻，另一侧为牡丹纹板状扣孔，背面为方槽形穿带孔。通体抛光。　　　　　　　　　　　（撰文、摄影：赵评春）

白玉蟠螭带钩　清代

长7.50、宽1.44、厚1.42厘米

　　1982年出土于讷河市青河乡，现藏于讷河市博物馆。

　　白色玉质。长条状带钩，侧视为弧形。钩部为一圆雕蟠螭头，钩体上面浮雕一小蟠螭，背面为圆形系带纽。通体抛光。

　　　　　　　　　　　　　　　　　　　（撰文、摄影：赵评春）

青玉带铐 辽金时期

长4.80、宽3.75、厚1.67厘米

1994年出土于讷河市青河乡，现藏于讷河市博物馆。

青色玉质，表面有黄褐色沁痕。长方形板弧状带铐，素面无纹，背面为一凹进的条状穿带槽。通体抛光。此件玉器出土之初曾被相关部门鉴定为清代玉器，此次笔者根据形制、加工特点及土浸沁痕，鉴定其为辽金时期玉器。 （撰文、摄影：赵评春）

白玉卧马摆件 清代

高3.94、长4.08、厚1.84厘米

1995年出土于讷河市青河乡，现藏于讷河市博物馆。

白色玉质。圆雕卧马，回首直视，双眼突出，鬃毛分披两侧。通体抛光。 　　　　　　　　　　　　　　　（撰文、摄影：赵评春）

青玉菱角蜻蜓蝙蝠坠　清代

长3.95、宽5.80、厚2.25厘米

1982年出土于讷河市孔国乡双发村清代墓葬，现藏于讷河市博物馆。

青色玉质，圆雕菱角，表面浮雕蜻蜓、蝙蝠纹样，蜻蜓头部抹有褐红色。通体抛光。

（撰文、摄影：赵评春）

白玉刀柄银蟒纹鞘口　清代

玉柄长11.18、宽2.05、厚1.18厘米，银鞘口长7.27、宽1.92厘米

　　1982年出土于讷河市孔国乡双发村清代墓葬，现藏于讷河市博物馆。

　　白色玉质，扁圆柱体刀柄，素面无纹，通体抛光。出土时刀刃部已腐蚀无存，仅留有刀鞘所镶银片錾花蟒龙纹鞘口。

（撰文、摄影：赵评春）

绿玉石刀佩　清代

长6.40、宽1.20、厚0.35、孔径0.15厘米

2004年出土于嫩江县临江乡多金村傲拉氏副都统墓，现藏于黑龙江省文物考古研究所。

浅绿间黄褐色石质，双面雕刀形，两面抛光。

（撰文、摄影：赵评春）

水晶顶珠白玉翎管　清代

珠径3.4、珠高3.32厘米，翎管长7.0、外径1.5~1.71、内径1.0厘米

　　1997年出土于黑河市爱辉区爱辉镇南树林，现藏于黑河市瑷珲历史陈列馆。

　　理论上顶珠为无色透明水晶材质，但实际观察顶珠内含有杂质，为白色透明水晶，有玻璃光泽。顶珠为圆球形，纵向钻孔，采用银鎏金托工艺将顶珠镶在冠帽顶端，珠托下侧横向连接一件白玉翎管。该翎管为白色玉质，前端为白间褐色地。　　　　　　　　　　（撰文、摄影：赵评春）

翠翎管　*清代*

长7.04、外径1.70、内径0.90、孔径0.23厘米

1982年出土于讷河市孔国乡双发村清代墓葬，现藏于讷河市博物馆。

青白色地含绿色翡翠材质，圆柱状，上端有一穿孔扁纽，下端钻一圆孔，用于插入羽毛以示品位官阶。通体抛光。

（撰文、摄影：赵评春）

白玉俏色蟠龙衔芝翎管与顶缨　清代

通长6.65、管长6.00、管外径1.44、管孔径0.92厘米

　　2004年经黑龙江省文物考古研究所发掘出土于嫩江县临江乡赤卫村清代同治七年太子少保海全墓，现藏于黑龙江省文物考古研究所。

　　白色地间黄褐俏色玉质，翎管上端局部有黑青色玉质。出土时顶珠已无存，仅有翎管与帽顶丝绳缨穗系结连接。管顶端为半椭圆形穿绳纽，管外壁俏色浮雕蟠龙，四肢游动，岔尾翻卷，龙鬣飞扬，口衔一株灵芝。翎管孔用平头钻加工，内底平滑，内底直径与管孔直径基本相同。纹样为蟠龙献瑞之意。　　　　　　　　（撰文、摄影：赵评春）

青金石顶珠　清代

高2.65、直径2.77、孔径0.52厘米

　　1981年出土于德都县城关乡龙头村清代墓葬，现藏于五大连池市文物管理所。

　　蓝色青金石材质。圆球形，纵向穿孔，为朝服冠帽顶珠。

（撰文、摄影：赵评春）

青玉瓜瓞坠　清代

长5.57、宽3.36、厚1.92厘米

　　1981年出土于德都县城关乡龙头村清代墓葬，现藏于五大连池市文物管理所。

　　青白色玉质，圆雕青玉瓜瓞，条状穿系孔，通体抛光。

（撰文、摄影：赵评春）

白玉椒图纹鼻烟壶　清代

高6.43、宽5.71、厚3.20厘米、口外径2.20、内径0.75厘米，圈足长3.53、宽2.15厘米

1982年出土于讷河市孔国乡双发村清代墓葬，现藏于讷河市博物馆。

白色玉质。扁圆体，小圆口，短颈，斜弧肩，内膛较深，壶壁较薄。双肩浮雕椒图（铺首）纹。通体抛光。　　　（撰文、摄影：赵评春）

白玉鼻烟壶　清代

通高6.00、宽4.62、厚1.77厘米，口外径1.60、内径0.53厘米，盖径1.67、高0.95厘米，圈足长2.48、宽1.22厘米

　　2002年经黑龙江省文物考古研究所发掘出土于讷河市团结屯清代墓葬，现藏于黑龙江省文物考古研究所。

　　白色玉质。扁圆体，小圆口，短颈，斜弧肩，内膛较深，壶壁较薄。盖为绿松石座，上镶粉红色碧玺纽。椭圆形圈足无沁色。通体抛光。

（撰文、摄影：赵评春）

水晶螭虎纽印　清代

高3.35、宽2.6、厚1.3、孔径0.20厘米

　　1997年采集于黑河市爱辉区爱辉镇南树林清代墓葬，现藏于黑河市瑷珲历史陈列馆。

　　无色透明水晶材质，螭虎纽方印，螭虎蹲卧回首，腹下横向对钻穿系孔。　　　　　　　　　　　　（撰文、摄影：赵评春）

水晶兔纽印　清代

高3.7、长2.35、宽1.68、孔径0.15～0.20厘米

　　1997年采集于黑河市爱辉区爱辉镇南树林清代墓葬，现藏于黑河市
瑷珲历史陈列馆。

　　无色透明水晶材质。兔纽椭圆形印，兔呈蹲卧状，双耳服贴于后
背，耳下横向对钻穿系孔。通体抛光。　　　　（撰文、摄影：赵评春）

水晶桃坠　清代

长3.9、宽3.15、厚1.32、孔径0.4厘米

1997年采集于黑河市爱辉区爱辉镇郭家坟，现藏于黑河市瑷珲历史陈列馆。

无色透明水晶材质。圆雕桃子，上端钻一穿系孔，两边分别剔地起花为桃叶纹。通体抛光。　　　　　　　　　（撰文、摄影：赵评春）

翠背云　清代

长3.8、宽3.35、厚0.55厘米

　　1997年采集于黑河市爱辉区爱辉镇将军坟，现藏于黑河市瑷珲历史陈列馆。

　　青白色地绿色翡翠材质。椭圆形，上下两侧端面分别锥钻"V"形穿孔。通体抛光。原为朝珠之上穿缀佩饰，垂于人身背后，故称之为"背云"。　　　　　　　　　　　　　　　　　　（撰文、摄影：赵评春）

白玛瑙环　*清代*

外径5.7、内径3.89厘米

1993年6月国家调拨，现藏于黑河市瑷珲历史陈列馆。

无色透明玛瑙材质，局部略有黄褐色条痕，雕琢六棱圆环，通体抛光。该件玉器原被鉴定为战国时期玉器，笔者认为是清代玛瑙环。

（撰文、摄影：赵评春）

黑白玉缠枝纹手镯 清代

外径8.9、内径6.69厘米

　　1997年采集于黑河市爱辉区爱辉镇将军坟，现藏于黑河市瑷珲历史
陈列馆。

　　白色为主渐变褐黑色玉质，深黑色属于墨玉。环形手镯，表面碾琢
缠枝花纹。通体抛光。　　　　　　　　　　　（撰文、摄影：赵评春）

白玉云纹双连环　清代

外径3.81、内径1.81厘米

　　1997年采集于黑河市爱辉区爱辉镇将军坟，现藏于黑河市瑷珲历史陈列馆。

　　白色泛青玉质，镂雕双连环，内外边缘渐薄，环中起鼓，双面雕卷云纹。通体抛光。　　　　　　　　　　　　（撰文、摄影：赵评春）

翠耳环 清代

外径2.55、内径0.90厘米

    2003年经黑龙江省文物考古研究所发掘出土于讷河市学田乡工农村清代墓葬，现藏于黑龙江省文物考古研究所。

    翠绿色，环壁内外渐收，中部起鼓。素面无纹，通体抛光。

（撰文、摄影：赵评春）

银钩翠耳环　清代

外径1.60、内径0.55厘米

1990年3月杜尔伯特文物管理所征集，现藏于杜尔伯特博物馆。

环形银钩套穿翡翠耳环，浓绿色翡翠材质。环壁内外渐收，中部起鼓。素面无纹，通体抛光。　　　　　　　　　　（撰文、摄影：赵评春）

翠手簪头 清代

长3.3、宽1.15、厚0.6厘米

　　1997年采集于黑河市爱辉区爱辉镇将军坟，现藏于黑河市瑷珲历史陈列馆。

　　绿色翡翠材质，青白色地。圆雕仕女手形簪头，拇指直伸，其余四指曲握于掌中，拇指缝间钻一穿缀孔。原物为插镶在发簪簪导上端的装饰物。　　　　　　　　　　　　　　　　（撰文、摄影：赵评春）

翠莲花佩 *清代*

直径5.0、厚0.41、孔径0.1厘米

1997年采集于黑河市爱辉区爱辉镇，现藏于黑河市瑷珲历史陈列馆。

深绿翡翠材质，灰白色地。双面板雕团形莲花，通体抛光。原名为
"翡翠花篮纹圆形佩"，据观察并非花篮纹。（撰文、摄影：赵评春）

翠葫芦坠　清代

长3.15、宽2.5、厚0.9、孔径0.15厘米

　　1997年采集于黑河市爱辉区爱辉镇将军坟，现藏于黑河市瑷珲历史
陈列馆。

　　绿色翡翠材质。圆雕大小一对葫芦，线雕叶蔓，上端钻一穿孔。通
体抛光。
　　　　　　　　　　　　　　　　　　　　　（撰文、摄影：赵评春）

翠蝙蝠坠　　清代

长1.4、宽1.1、厚0.4厘米

　　1997年采集于黑河市爱辉区爱辉镇清代墓葬，现藏于黑河市瑷珲历史陈列馆。

　　绿色翡翠材质。圆雕蝙蝠形，纵向钻穿孔。通体抛光。

（撰文、摄影：赵评春）

铜鎏金葫芦形镶青玉红宝石佩饰　清代

通高4.0、底宽3.2厘米，红宝石珠直径1.3、厚0.8厘米，青玉长2.3、宽1.45、厚2.94厘米

　　1997年采集于黑河市爱辉区爱辉镇清代墓葬，现藏于黑河市瑷珲历史陈列馆。

　　铜鎏金亚腰葫芦形托，上镶红宝石珠，下镶扁条状青玉，葫芦纹边缘残存贴饰的蓝色孔雀羽毛。　　　　　　　　（撰文、摄影：赵评春）

绿松石扁坠　清代

长2.03、宽2.80、厚0.88厘米

　　1981年出土于德都县城关乡龙头村，现藏于五大连池市文物管理所。

　　浅灰绿色松石材质。扁圆形，中部纵向钻扁形穿孔。素面无纹，通体抛光。　　　　　　　　　　　　　　（撰文、摄影：赵评春）

白玉双荚坠　清代

长4.5、宽2.7、厚0.79、孔径0.15厘米

　　1997年采集于黑河市爱辉区爱辉镇南树林清代墓葬，现藏于黑河市瑷珲历史陈列馆。

　　白色玉质，圆雕双豆荚坠，上端有一穿孔，以供吊系使用。豆荚之"荚"，取其谐音"甲"。双荚相连寓意为"双甲"，其意在连得第一。明清科考制度中，皇帝殿试选取前十名。一甲三名，即状元、榜眼、探花，二甲七名，皆为天下殊荣。此双荚当喻得此荣誉。

（撰文、摄影：赵评春）

玛瑙俏色犬纹烟嘴　清代

――――――――――――――――――――――

长5.6、底径1.91、孔径0.2厘米

　　1997年采集于黑河市爱辉区爱辉镇将军坟，现藏于黑河市瑷珲历史陈列馆。

　　白色透明玛瑙材质。长杆烟袋嘴，天然俏色犬衔瑞草纹。通体抛光。
　　满族有"崇狗"习俗。传说努尔哈赤曾被明朝总兵李成梁所追赶，危急之中他喂养的大黄狗以身扑火救主。日后他当上皇帝，不忘义犬救主故事，所以满族人不戴狗皮帽子，更不吃狗肉，就连汉人要进满族人家也得先把狗皮帽子、狗皮套袖等放在窗台外方可入室。这个传说已经融入满族文化之中。　　　　　　　　　　（撰文、摄影：赵评春）

青玉蝴蝶双喜纹佩　清代

长7.1、宽3.65、厚0.62厘米

　　1997年采集于黑河市爱辉区爱辉镇将军坟，现藏于黑河市瑷珲历史陈列馆。

　　青色玉质，长方形板状，双面透雕蝴蝶双"喜"字纹。蝴蝶形体向下与双"喜"字纹相连。　　　　　　　　　　（撰文、摄影：赵评春）

青玉"福寿双全"牌　清代

长6.00、宽3.70~3.74、厚0.60厘米

　　2004年经黑龙江省文物考古研究所发掘出土于嫩江县临江乡多金村清代道光三年傲拉氏两任察哈尔副都统墓，现藏于黑龙江省文物考古研究所。

　　青白色玉质，双面透雕上下两只蝙蝠，口衔元宝形"福寿"、"双全"字纹牌，两侧透雕花纹与上下两只蝙蝠的翅膀相连，碾琢蝙蝠双环眼纹。

（撰文、摄影：赵评春）

青玉葫芦纹饰件(上) 清代

长6.95、宽9.15、厚1.4厘米

　　1986年征集于黑河市爱辉区爱辉镇，现藏于黑河市瑷珲历史陈列馆。

　　青色玉质，表面局部有褐色沁痕。单面透雕三只葫芦及其叶蔓纹样。原物为木托玉如意上部所镶青玉饰件。　　（撰文、摄影：赵评春）

青玉葫芦纹饰件(中)　清代

长8.20、宽3.70、厚1.21厘米

　　1986年征集于黑河市爱辉区爱辉镇，现藏于黑河市瑷珲历史陈列馆。

　　青色玉质，表面局部有褐色沁痕。单面透雕三只葫芦及其叶蔓纹样。原物为木托玉如意中部所镶青玉饰件。　　　（撰文、摄影：赵评春）

青玉葫芦纹饰件（下） 清代

长3.9、宽4.8、厚0.9厘米

　　1986年征集于黑河市爱辉区爱辉镇，现藏于黑河市瑷珲历史陈列馆。

　　青色玉质，表面局部有褐色沁痕。单面透雕两只葫芦及其叶蔓纹样。原物为木托玉如意下部所镶青玉饰件。　　（撰文、摄影：赵评春）

红木三镶碧玉海东青捕雁如意　清代

通长44厘米

现藏于阿城金上京历史博物馆。

碧绿色玉质，红木托镶三块透雕玉如意。上端为单面透雕碧玉海东青捕雁纹样。海东青又称"鹘"，在此纹样中，海东青短颈、长尾，向下探头，尖喙啄进身下大雁头顶，管钻环形眼，眼睛中部凸起，凌空展翅，利爪抓住大雁头颈前部，尾羽向下探出，表现出奋力捕捉大雁的神态。有学者将此类纹样中的游禽称为"天鹅"。天鹅与大雁均为鸭形目类游禽，在纹样中二者的区别主要根据各自头颈与身体的比例。该游禽的头颈约占通体全长的三分之一，应为大雁。大雁为管钻环形眼，抖开双翅，尾羽散开，挣扎穿于莲叶之间，头颈极力向前探出，躲避海东青的捕捉。

（撰文、摄影：赵评春）

青玉山人纹饰件　清代

长5.78、宽6.33、厚0.28厘米

　　1988年征集于阿城，现藏于阿城金上京历史博物馆。

　　青白色玉质。正面为半圆弧形，碾琢有一长者，站立于山岩松树之间，身着交领右衽广袖长袍，右手扶举一长杖上端，左手平端握杖，侧身回视。

（撰文、摄影：赵评春）

红褐纹玛瑙帽正　清代

长5.40、宽3.70、厚0.55厘米

　　1975年征集于阿城半拉城子村，现藏于阿城金上京历史博物馆。

　　红褐色玛瑙材质。椭圆形边缘，平面为板状，正面磨出几何形折角面。通体抛光。经鉴定原为清代冠帽额顶正面钉缀的饰件。

（撰文、摄影：赵评春）

黄褐玛瑙桃花纹坠　清代

长4.6厘米

　　1986年征集于阿城料甸乡永红村，现藏于阿城金上京历史博物馆。

　　黄褐色斑纹玛瑙材质。圆雕桃形，正面为桃花枝纹，背面为桃叶纹，上端钻一穿孔。　　　　　　　　　　（撰文、摄影：赵评春）

青玉笔山 清代

宽7.22、高2.35、厚1.15厘米

1975年6月7日征集于阿城料甸乡西华村四队。

青色玉质。圆雕群峰相连形笔架。 （撰文、摄影：赵评春）

白碧玺坠　清代

高2.29、外径1.34、孔径0.09～0.12厘米

　　1991年出土于泰来县汤池乡四间村清代墓葬，现藏于泰来县博物馆。

　　白色透明碧玺材质，白褐色沁。水滴形坠，上端钻一穿孔。通体抛光。

　　　　　　　　　　　　　　　　　　　　（撰文、摄影：赵评春）

青玉谷纹双耳杯　　清代

通宽12.06、高3.62、口径7.42、足径3.76厘米

1993年国家调拨，现藏于黑河市瑷珲历史陈列馆。

青白色玉质。杯外壁满雕谷纹，内壁光素无纹。

（撰文、摄影：赵评春）

铜鎏金龙首衔环镶白玉板带　清代

带残长14.9、宽10.0、厚0.35厘米，嵌玉长5.1、宽3.9、厚0.4厘米，环外径5.2～
6.81、内径3.71～5.5厘米

　　1979年出土于黑河市爱辉镇砖场墓葬，现藏于黑河市瑷珲历史陈
列馆。

　　丝织绦带穿铜鎏金镶白玉板带。出土时仅有4块，其中一块为鎏金
铜龙首衔环带，一块里侧为带卡装置。铜托内镶白色玉质带板，上下两
边平直，两端略呈弧形，素面无纹。　　　　　　（撰文、摄影：赵评春）

青玉莲鱼佩　清代

长7.79、宽4.20、厚0.40厘米

　　2002年经黑龙江省文物考古研究所发掘出土于讷河市团结屯清代墓葬，现藏于黑龙江省文物考古研究所。

　　青色玉质。双面板雕鲤鱼纹，鱼的头尾偏大，身体较小，呈摇头摆尾状，鲤鱼下雕一莲叶，鲤鱼凫在其上。砣工雕环形纹鱼眼，并用砣工双面透雕条状孔为鱼嘴。　　　　　　　　　（撰文、摄影：赵评春）

青玉鱼佩 清代

长6.20、宽2.60、厚0.42厘米

　　2003年9月出土于讷河市学田乡工农村，现藏于黑龙江省文物考古研究所。

　　青色玉质。双面板雕鲤鱼衔莲花纹样，鱼鳍部分玉质的纹理中含有褐色沁斑。砣工雕鲤鱼环形双眼，并透雕条状孔为鱼嘴。双面抛光。

（撰文、摄影：赵评春）

白玉猴坠 清代

高4.98、宽2.30、厚1.80厘米

2004年出土于嫩江县铁古拉屯清代墓葬，现藏于黑龙江省文物考古研究所。

白色玉质。圆雕蹲坐猴，前爪攀抓枝干，后肢双曲蹲坐，回头下望。琢环形双眼，并用砣工双面相对透雕条状孔。通体抛光。

（撰文、摄影：赵评春）

白玉钺佩　清代

长6.40、宽3.85、厚0.50厘米

征集品，现藏于鸡西市博物馆。

白色玉质。板雕钺形佩，上端有一螭纽，两侧上部有一对耳纽。双面雕琢花纹，由上至下为连雷纹、七星相连纹、如意纹和山形纹。钺刃中部钻一小圆孔。通体抛光。　　　　　（撰文、摄影：赵评春）

青玉蟠螭纽双连印　清代

长4.20、宽1.93、高1.85~1.90厘米

　　征集品，现藏于鸡西市博物馆。

　　青白色玉质。两方双连纽印。纽为一条镂孔透雕蟠螭，呈曲身回首行走状，前后四肢相连于两方印顶。篆刻白文。从字的风格看，其年代应为清晚期，颇有皖派篆刻风格。但字体严重变形，其中有两字难以辨识。印模白文由上向下、由右向左识读。上方印文当为"梅花仙伴"，下方概为"无事散神仙"。　　　　　　　　（撰文、摄影：赵评春）

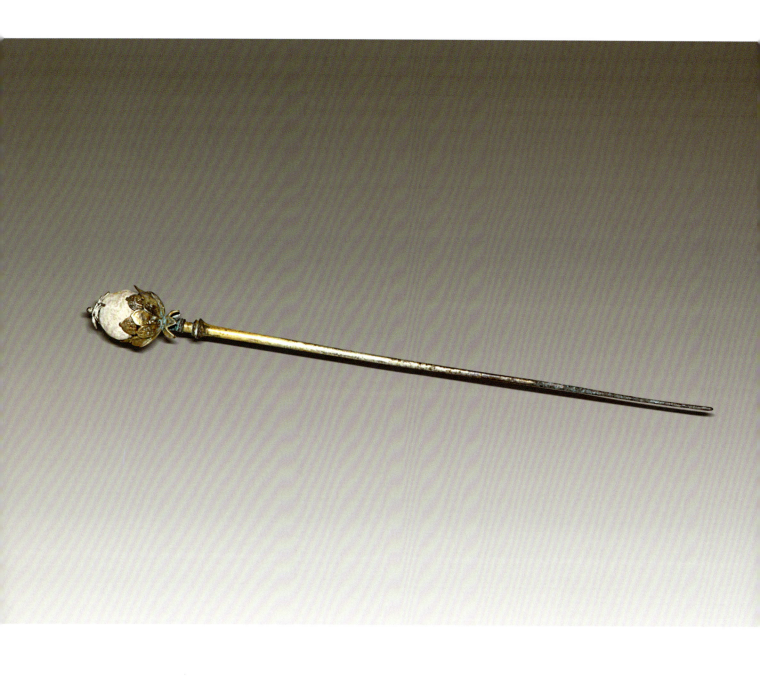

银鎏金镶珠簪 清代

通长17.2、珠径1.30厘米

　　1991年出土于嫩江县收容所院内清代墓葬，现藏于嫩江县博物馆。

　　银鎏金发簪，簪首镶珍珠，呈白色。　　（撰文、摄影：赵评春）

银鎏金鸾石榴花纹镶珠簪　清代

通长13.75、珠径1.10厘米

　　1991年出土于嫩江县收容所院内清代墓葬，现藏于嫩江县博物馆。

　　簪首为银鎏金掐丝一只鸾鸟、一对石榴、两枝五瓣花。大花芯上镶一珍珠，呈黄褐色；小花芯上镶一蓝色玻璃珠。簪导为一根扁银梃。

（撰文、摄影：赵评春）

翠莲桂圆坠　　*清代*

长5.8、宽4.2、厚0.7厘米

　　1996年6月出土于齐齐哈尔市富拉尔基区杜尔门沁达斡尔族乡罕伯岱村清代"振威将军"墓。

　　绿色翡翠材质。透雕莲叶、荷花与两枚桂圆纹样，边缘略呈菱形，莲叶上角钻穿系孔。　　　　　　　　　（撰文、摄影：赵评春）

附　录

海东青鹘捕鹅雁考释

□ 赵评春

关于辽金时期皇帝春捺钵畋猎活动的内容，古代玉器上雕琢鹅、雁纹样的辨识，女真故地猛禽的区分，"海东青"种属名称及其产地，玉雕海东青捕天鹅纹样的寓意等问题，有待进一步探讨。

一、辽金时期春水畋猎鹅雁

《辽史·营卫志》记载：春捺钵（又称"春水"，即皇帝畋猎），皇帝起牙帐约行六十日而至鸭子河泺，冰泮，"乃纵鹰鹘捕鹅雁"[1]。按此，史家明言其猎禽为鹰、鹘两种，被其捕猎者为鹅、雁两种。如今，人们已忽略了鹰、鹘、鹅、雁四者的区别，尤其古代乐曲《海青拿天鹅》名目的传习，人们对于这类春水玉佩多泛称为"海东青捕天鹅"。甚至有辽金史学者认为："傅乐焕先生谓辽之春水实即捕鹅之水，即以捕鹅为主要内容，捕鹅之外，还有所谓的'钩鱼'。金朝春水与辽朝春捺钵的不同之处在于，春水的活动全以捕鹅为中心，而没有钩鱼一项内容。"[2] 如果关于春捺钵活动已探讨至每项内容的有无，那么关于辽金时期皇帝春季畋猎以捕鹅为中心的问题也就有待更深入地探讨。因为在诸多辽金时期春水玉器"海东青捕鹅雁"纹样中，人们已经多认为是"鹘攫鹅"，这对于认知具体纹样及其含义是不利的。

宋朝使臣张舜民在《使辽录》中记述："辽人打围，一岁各有处所。正月钩鱼海上，于冰底钩大鱼；二月、三月放鹘，号海东青，打雁。" 这表明"海东青"即为鹘，说明辽帝在春捺钵过程中，不仅钩鱼猎鹅，还打雁。因为鹅、雁同属雁形目鸭科，同为初春塞北候鸟，所以辽皇帝畋猎时一并猎之。

二、玉雕鹅、雁纹样的区分

当前，对于这类"鹘捕鹅雁"春水玉佩中的鹅、雁纹样，一般没有明确区分，大凡此类春水玉佩被称为"海东青捕天鹅"或"鹘攫鹅"。

天鹅与鸿雁玉雕纹样是明显可分的。辽金故地一带，春捺钵季节主要飞回繁殖的游禽有大天鹅和各种雁类等。按此，玉雕纹样不易区分鹅、雁的毛色，区分二者纹样为何种鸟，主要依据二者的体态。

资料表明，大天鹅体长121.5～148.2厘米，头颈长度超过躯体长度。鸿雁体长82～90厘米、灰雁体长70～88厘米。当然，初春由南方飞至黑龙江流域以及蒙古高原一带的雁类还有豆雁、白额雁等，体态较小的小白额雁长44.3～59.6厘米[3]。雁类的体态特征主要为其头颈长度相对短于其躯体长度。所以，天鹅与大雁玉雕纹样的主要区别就在于二者躯体与头颈的长短比例。

在故宫博物院藏玉器的"鹘捕鹅雁"类纹样中，有专家称为"天鹅"，又有专家称为"雁"。玉器本身纹样即为天鹅者，称鹅自然合理，但如果属于大雁一类的纹样而泛称为"鹅"又明显不妥，反之亦然。

杨伯达主编《中国玉器全集·隋唐—明》第一五七"金代青玉鹘攫天鹅"，所谓"天鹅"头颈的长度约为其通长的三分之一，胸背至尾羽的长度约占其通长的三分之二；第一五八"金代白玉镂空鹘攫天鹅带环"，其中"天鹅"头颈的长度明显短于胸背至尾羽的长度[4]。因此，这2件玉器的纹样在游禽种属中不属于天鹅，而属于雁类。故宫博物院藏文物珍品全集《玉器》（中）第73"玉海东青啄雁饰"，其中被海东青所啄住额顶的"雁"，其头颈明显长于胸背至尾羽的长度[5]，按照鹅、雁头颈与躯体的比例必然是天鹅纹样。再者，《契丹王朝——内蒙古辽代文物精华》（藏学出版社，2002年）"荷叶双雁琥珀佩件"，其中荷叶上面的游禽，其头颈明显长于躯体，却命名为双雁[6]。实际上，根据游禽类物种的特征，这个比例只能是天鹅纹样。

上述原文中被命名的天鹅与雁应重新认识，原命名为"天鹅"者实为雁类纹样，原命名为"雁"者则应是天鹅纹样。

本书收录的清代红木三镶碧玉如意，原定名为"鹘攫鹅"。今依据天鹅与雁的体态特征，重新考订其上头为海东青捕雁纹样，中部为碧玉天鹅纹样，下部为碧玉雁纹样。

三、海东青及其产地

当今，有研究者将辽金时期的鹰、隼以及海东青鹘混为一谈。尤其是海东青为何物，还有一些不同的说法。有人认为海东青已经绝迹，有人认为就是长白山一带的隼类。前引刘浦江先生在文中认为："在春水猎鹅的活动中，最引人注目的是海东青。海东青全称海东青鹘，是辽金元时期最受尊崇的一种猎鹰。它产于辽之东北境外五国部以东海上，故称海东青，亦称海青。但这种猎鹰究竟属于现代动物分类学的什么种、属、科、目，目前还无人能够给予明确的回答，甚至就连海东青今天是否还存在也是一个疑问。不过就在半个多世纪以前，还有人见过这种猎鹰。据黑龙江省嫩江县的一位邵姓老人回忆说，他曾经在1943年捕获过一只海东青，当地的鄂伦春猎人称它为'吐鹘鹰'。"

猎鹰古今尚无明显变化，驯养猎鹰的技术和经验至今还在民间保留。人们对于猎鹰的认识也没有混淆。"鹘"在古代汉语中主要是指隼类猛禽。据《三朝北盟会编》卷三记载，辽时期，女真方物"禽有鹰、鹘、海东青"[7]。此语表明女真诸部故地特产此三种猛禽。所谓"鹰"应是体态较大的鹰科类猛禽，黑龙江流域的主要品种为苍鹰、乌雕等，也就是"老鹰"或"老雕"。"鹘"，《说文》作"鶌风也"[8]；《尔雅》曰："晨风，鹯"，晋代郭璞注：鹯，"鹞属"[9]；《诗经·秦风》又作"鴥彼晨风，郁彼北林"；汉代毛传："晨风，鹯也"，郑氏笺：鹯，"似鹞，青色"；唐代孔颖达引三国时期陆玑疏曰："鹯，似鹞，青黄色，燕颔，勾喙，向风摇翅，乃因风飞急疾，击鸠、鸽、燕、雀食之"[10]。可见，自先秦至汉唐时期对于"鹯"的毛色特点及习性认识得很清楚，应是体态较小的鹞子一类猛禽。唐代孔颖达注疏曰："隼者，贪残之鸟，鹯鹞之属。"[11]综上所述，隼或鹯鹞同为体态小于鹰雕一类的掠食性猛禽。根据形色、逆风煽动翅羽相对静止在空中、飞行疾速、掠食鸠鸽燕雀等特征，可以认为"鹯"是"鹞子"或称雀鹰一类的种属。如此表明，史家所述辽金时期鹰、鹘为大小两种猛禽。所谓"海东青"又并列在此二者之后，必然属于另外一个猛禽品种。如果按今人的理解，将一个具体而珍贵的品种"海东青"仅视为名称又作"海东青鹘"是没有史料依据的。

所谓"海东青鹘"，意在强调鹘类中产自海东的青鹘。《金史·太祖纪》称"名鹰'海东青'"，其意也是表明"海东青"为鹘类中著名的品种。这就是说，从逻辑上讲我们可以认为海东青或海东青鹘为鹘类所属，但不能说鹘类就是海东青。

史称："又有俊鹘，号海东青者，能击天鹅。……海东青者，出五国。五国之东接大海，在海东而来者，谓之海东青。小而俊健，爪白者尤以为异，必求之女真。每岁，遣外鹰坊子弟，趣女真发甲马千余人，入五国界，即海东巢穴取之，与五国战斗而后得。"[12]这表明在辽代鹘类猛禽中以"海东青"为能击天鹅者，海东青应出于女真属地沿海地区。上引刘浦江文认为海东青"产于辽之东北境外五国部以东海上，故称海东青，亦称海青"，错误地将"海东"理解为海上，这不仅与史料不合，也不合乎黑龙江流域鹰隼类的生活习性。辽帝"发甲马千余人"，必然是在陆地上活动而非乘船于海上。"在其海东巢穴取之"，其意是在五国部滨其东海巢穴求取。对此，并没有任何史料记录是在海上获取海东青，所以海东青也不可能出自海上。

《金史》记载："初，辽每岁遣使市名鹰海东青于海上，道出境内。"〔13〕按此已是后世史家将宋人所记辽帝发甲马至五国部，经战斗而后得海东青的劫掠历史忽略不计。所谓"市名鹰海东青于海上"，此语表明了每岁辽使取道通过女真故地至五国部，经贸易取得海东青的史实。此处的关键词语为"海上"，通常容易被人直接理解为在大海之上。因此，有人认为海东青"产于辽之东北境外五国部以东海上"，可见作者认为海东青产自海上。

在古代汉语中，"上"有侧畔、边上之意。《论语·子罕》："子在川上曰：逝者如斯夫，不舍昼夜。"宋代史家认为："夫子因在川水之上，见川水之流迅速，且不可追复，故感之而兴叹。"〔14〕此时，孔子一定是身在川水之崖畔，唏嘘感慨，而不可能站在川水之上面。《史记·孔子世家》谓：孔子年七十三卒，"唯子赣庐于冢上"，司马贞《索隐》释曰："按，《家语》无'上'字，且《礼》云，'适墓不登陇'，岂合庐于冢上乎？盖'上'者，亦是边侧之义。"〔15〕

由此可见，辽帝在改变以甲马军队劫掠海东青的策略之后，取而代之的是每岁派遣辽使通过贸易手段于五国部一带的土著集市获取海东青。这类集市必然是滨海一带的聚落繁荣之地，而不可能是在海上的岛屿或船上贸易。按此史料已经记述五国部东接大海，所以"市名鹰海东青于海上"是在五国部之东滨海地区。

金章宗时，金朝名家赵秉文曾以翰林修撰身份两度"扈从春水"，对于春水中的海东青鹘，他具有权威性的认识。他在《雏鹰》诗中曰："皋落秋风暮，深崖得尔雏。他时万里翼，天末片云孤。……伫翻壮士臂，飞血溅平芜。"[16]此处描述的雏鹰即为日后训养有素的海东青幼雏，所以求取海东青也只能是在其幼雏时期，于其巢穴捕获。所谓海东青的产地、巢穴位置，应位于黑龙江下游的滨海山谷地区。又有辽臣"萧乐音奴"，通辽、汉文字，善骑射击鞠，"监障海东青鹘，获白花者十三，赐榍柹犀并玉吐鹘，拜五蕃部节度使。"[17]此言表明，海东青鹘是鹘类中产自五国部之东滨海地带的一个品种。由于鹘的产地和品种不同，时人唯以女真五国部之海东青鹘为贵，其中尤以白花者海东青鹘为希珍。因此，获十三只白花者海东青鹘的功臣，受赐榍柹犀[18]、玉吐鹘带，并封为五蕃部（女真"五国部"）节度使。

辽代五国部一带出产的海东青鹘，其体态"小而俊健"，驯养后可以捕拿鹅、雁，所谓"海东青"则应属于黑龙江流域的隼类猛禽。

当今，关于海东青为何物，还有一些不同的说法。有人认为海东青已经绝迹，有人认为就是长白山一带的隼类。本文认为，"海东青"这个名称在黑龙江流域民间口语中已经失传，在各地口语中也没有宋金时期文献中"吐鹘"的概念。至于前引20世纪80年代初，有鄂伦春猎人回忆，"在1943年，捕获过一只海东青，当地的鄂伦春猎人称它为'吐鹘鹰'"，这只是一个没有实证的传说。

作为物种，古代文献中的"鹘"当为"灰背隼"或"雀鹰"一类的猛禽，这是本地至今还可以驯养的一种体态符合古代名称的"海东青"。所谓"海东青鹘"，并非可以简单地理解为"海东青全称海东青鹘"。海东青鹘应是辽金时期"鹘类"（隼类）中产自黑龙江流域下游滨海高山峻岭之间，并为辽金皇帝所珍爱的品种称之为"海东青"。

四、辽、金国势并非"以小击大"

在不同的历史时期，辽、金两国各自在建国之前，应是一个由小到大的发展过程。但是，在各自建国之后，可以称霸一方，把玩美玉的年代，他们与周边相邻小国的关系，无疑就不属于"以小击大"的历史。

当前，一些地方史学者或玉器鉴定专家，通常对辽金时期海东青鹘捕鹅雁的纹样提出一种臆测："辽金元等少数民族建立的王朝，之所以用此题材琢磨玉器供帝王后妃用……更重要的拟借海东青以小胜大特性和勇猛精神，以激励其民族去战胜当时较本民族人多势大的汉族及其政权。"[19]这一观点在地方史学者或金史爱好者的笔下成为一面旗帜，以"海东青捕天鹅"纹样作为"以小击大"精神的象征，并引以为地域或民族的骄傲。毋庸讳言，这种说法只是今人对辽金时期玉器纹样意义的简单附会。

首先，辽时期女真只为其番属。《金史·太祖纪》载：太祖在聚兵之初，对于辽使责问，也是自称"我小国也，事大国不敢废礼。"由此可见，在金太祖建国之前，辽朝与非辽籍女真诸部仅仅是大小国之别。当金太祖举兵反辽之前，与其相邻之辽属达鲁古部也明言"吾兵虽少，旧国也"[20]，表明其史上女真诸部也是相对独立的小国。辽主为得到海东青也要通过女真诸部辖境，与五国部战斗或集市买卖而后得。所以，辽代皇朝贵族在盛极一时的历史时期，没有必要以一个番属故地的鸟来比喻自己的形象。

同时，辽代开国皇帝耶律阿保机本人，"身长九尺，丰上锐下，目光射人，关弓三百斤"[21]。可以想见，辽太祖如此高大威猛，睿智过人，其个人心理也不会将自己视为"小者"。唐末期，辽太祖收降小黄室韦，伐越兀、乌古、六奚、比沙狨诸部，克之。唐天复元年，率军攻城掠地，连破室韦、于厥及奚，俘获甚重。此后，伐河东代北，攻下九郡，获人口九万五千；又伐女直、灭渤海国等诸部。五代十国之初，辽太祖元年（907年）正月，"命有司设坛于如迁王集会埚，燔柴告天，即皇帝位"[22]，国号"大辽国"。此后，辽朝分设"北面、南面"官制，招徕大量中国之人就任于"南面"[23]。这个时期的辽国较之于周边的渤海国、西夏国、室韦、奚、女真各部落，已是大之又大。辽代皇帝根本没有理由认为自己比被其征服的诸多部落"小"。在当时的历史条件下，汉族各地王权，相互割据天下，没有哪一个王权可以象征一个大国。

再者，辽朝末年，金太祖进军宁江州，"致辽之恶，申告于天地"，兴师伐辽，并于收国元年（1115年）建国称帝[24]。金太宗天会三年二月，"获辽主于余睹谷"，灭辽之后，又不断南进，兵临城下于东京汴梁；天会四年正月，"宋上誓书，地图，称侄大宋皇帝、伯大金皇帝"；天会五年二月，"诏降宋二帝为庶人"，最终与宋朝划淮为界[25]。由此可见，金代皇帝也会认为自己强大到超过了辽、宋，不会认为自己属于"小者"。实际上，只有以汉为正朔的心理，才有可能在后来视契丹或女真族为小者。甚至一些国际或地方民族主义学者附会海东青捕天鹅纹样为"以小击大"的行为，也是长期受强大的汉文化影响的心理，认为辽金皇帝以海东青捕鹅雁纹样象征"以小击大"的精神。

五、"海东青捕鹅雁"纹样寓意

史家在记述"鹘攫鹅"时，并没有夸大鹘的擒鹅能力。史载："侍御皆服墨绿色衣，各备连锤一柄，鹰食一器，刺鹅锥一枚，于泺周围相去五七步排立，……鹅惊腾起，左右围骑皆举帜麾之。五坊擎进海东青鹘，拜授皇帝放之。鹘擒鹅坠，势力不加，排立近者，举锥刺鹅，取脑以饲鹘。救鹘人例赏银绢。皇帝得头鹅，荐庙，群臣各献酒果，举乐，更相酬酢，致贺语，皆插鹅毛于首以为乐。赐从人酒，便散其毛。"[26] 如此，海东青鹘擒鹅后，"势力不加"，而这也就是鹘、鹅斗个平手。此时，还要有就近者举刺鹅锥刺鹅头以救鹘。而且，皇帝用头鹅荐庙祭祖，群臣奏乐、献贺、饮酒，并插鹅毛为乐。辽穆宗应历十八年三月，"如潢河，乙酉，获驾鹅，祭天地。"[27]此即穆宗春捺钵至潢河（今沙拉木伦河），放海东青猎获驾鹅（天鹅）祭祀天地。上述表明，人们用猎获的鹅毛插在自己的头上，也是吉庆喜悦之举。

金代多承袭辽代旧俗，辽代的"春捺钵"，至金代为"春水"——皇帝春季"捺钵"畋猎制度，对此金代史家记述有限，具体情况可在赵秉文的诗词中看到一些春水秋山——皇帝春秋两季狩猎的场面。

《扈从行》作："马翻翻，车辘辘，尘土难分真面目。年年扈从春水行，裁染春山波漾绿。绿鞯珠勒大羽箭，少年将军面如玉。车中小妇听鸣鞭，遥认飞尘郎马足。朝随鼓声起，暮逐旗尾宿，乐事从今相继躅。圣皇岁岁万机暇，春水围鹅秋射鹿。"[28] 在此，可看出金代也以春水围鹅、秋山射鹿为乐事。

《春水行》中对春水猎鹅的过程进行了详细的描述："光春宫外春水生，驾鹅飞下寒犹轻；绿衣探使一鞭信，春风写入鸣鞘声。龙旂晓日迎天仗，小队长围圆月样；忽闻叠鼓一声飞，轻纹触破桃花浪。内家最爱海东青，锦韛掣臂翻青冥；晴空一击雪花堕，连延十里风毛腥。初得头鹅夸得隽，一骑星驰荐陵寝；欢声沸入万年觞，琼毛散上千官鬓。不才无力答阳春，差作长杨侍从臣；闲与老农歌帝力，欢呼一曲太平人。"[29] 从中可知，每逢冰冻解化，春水初融，野鹅飞临，金代春水围猎时，随从敲击叠鼓，鹅雁惊起，划破"桃花水"浪（黑龙江一带俗称"烟流水"），皇帝放纵其最喜爱的海东青击落天鹅，并星夜遣一骑随从以头鹅敬献祖宗陵寝。同时，随从百官又将白色的天鹅羽毛插在冠帽侧鬓，以为祥瑞喜庆。在金代舆服制度中，金人常服"其从春水之服，则多鹘捕鹅，杂花卉之饰"[30]，可以看出，鹘捕鹅纹样已合乎制度，并普遍为人们所喜爱。

根据考古出土的材料，金代齐国王完颜晏幞头两侧后所佩纳言，即为透雕白玉天鹅纹样[31]。在此，天鹅纹样也是女真皇家贵族佩戴在头上的显赫饰物。

由此可见，金代皇帝春水围猎的头鹅是用来敬献太祖陵庙的。天鹅的羽毛或玉雕天鹅也都有彰显功业的寓意。所以，海东青鹘与天鹅或大雁相互以喙搏击，应是"鹘擒鹅坠，势力不加"时的场面。在古代玉雕中，强调"图必有意，意必吉祥"，所以这类玉佩的纹样主要是表现皇帝春捺钵的吉庆意义，也表现了皇家贵族对于海东青的崇尚。

六、结　语

综上所述，在辽金时期皇帝春捺钵或春水题材的玉佩中，鹅、雁纹样是明确可分的。女真故地的物产有鹰、鹘以及海东青鹘类等。所谓"鹘"，即为隼类猛禽。"海东青"或"海东青鹘"，只是鹘类中产自女真五国部以东，滨海山岭地区的珍贵品种，当属于鸟类中体态较小、勇猛俊健、可以驯养的隼类，如灰背隼或雀鹰等。皇帝春捺钵或春水之畋猎，不仅钩鱼猎天鹅，也猎获大雁。以此海东青捕鹅、雁为题材的艺术，被人为地附会为"以小击大"的精神寓意，对此更应将海东青捕鹅、雁纹样视为表现皇帝狩猎活动的吉庆纹样。

〔1〕 《辽史·营卫志》卷三二，中华书局，1974年。

〔2〕 刘浦江《金代捺钵研究》，《文史》第49辑，1999年12月；第50辑，2000年7月。

〔3〕 中国野生动物保护协会《中国鸟类图鉴·鸭科》，河南科学技术出版社，1995年；张词
祖《中国的鸟》，中国林业出版社，1997年。

〔4〕 参见杨伯达主编《中国玉器全集·隋唐—明》，河北美术出版社。

〔5〕 参见周南泉《玉器》（中），48海东青啄雁饰，三联出版社，1996年。

〔6〕 参见《契丹王朝——内蒙古辽代文物精华》，藏学出版社，2002年。

〔7〕 《三朝北盟会编》卷三，上海古籍出版社，1987年。

〔8〕 《说文解字注·鸟部》四篇，上，上海古籍出版社，1991年。

〔9〕 《尔雅义疏》下之五，《释鸟》第十七，上海古籍出版社，1983年。

〔10〕 《十三经注疏·毛诗正义·秦风》卷六，中华书局，1980年。

〔11〕 《十三经注疏·周易正义》卷四，中华书局，1980年。

〔12〕 同〔7〕。

〔13〕 《金史·太祖纪》卷二，中华书局，1975年。

〔14〕 《十三经注疏·论语注疏·子罕》卷九，中华书局，1980年。

〔15〕 《史记·孔子世家》卷四七，中华书局，1959年。

〔16〕 薛瑞兆等《全金诗·雏鹰·赵秉文三》卷六八，南开大学出版社，1995年。

〔17〕 《辽史·萧乐音奴传》卷九六，中华书局，1974年。

〔18〕 按，"榾柮"一词，《汉语大词典》（第四册，第1179页）该词条注释为"树根疙瘩"
之意。今考《辽史》"榾柮犀"之词义，应是犀角制作杖头有疙瘩状的"榾柮杖"，又
同音简称"骨朵"。

〔19〕 同〔5〕。

〔20〕 《金史·太祖纪》卷二，中华书局，1975年。

〔21〕 《辽史·太祖本纪》卷一，中华书局，1974年。

〔22〕 同〔21〕。

〔23〕 《辽史·百官志·南面》卷四七，中华书局，1974年。

〔24〕 《金史·太宗纪》卷三，中华书局，1975年。

〔25〕 同〔24〕。

〔26〕 同〔1〕。

〔27〕 《辽史·穆宗纪下》卷七，中华书局，1974年。

〔28〕 薛瑞兆等《全金诗·扈从行·赵秉文二》卷六七，南开大学出版社，1995年。

〔29〕 薛瑞兆等《全金诗·春水行·赵秉文二》卷六七，南开大学出版社，1995年。按此，今本《全金诗》误作"驾鹅"；又刘浦江《金代捺钵研究》引《春水行》文作"鸳鹅"，二者其字义皆非也。今据其诗文原意，考其字义当为"鹭鹅"，即野生天鹅之意。

〔30〕 《金史·舆服志下》卷四三，中华书局，1975年。

〔31〕 参见赵评春《金代服饰》，第6～7页，文物出版社，1998年。

后 记

　　2005年春，为了完成《中国出土玉器全集》黑龙江地区出土玉器的撰写任务，黑龙江省文物考古研究所在本省范围内，开始对各地出土的玉器进行调研工作。在调研工作中发现一些玉器的来源不确定，同时对于玉器的真伪、年代以及纹样等还需进一步鉴定。

　　我们面临三个主要问题。一是材质，主要是广泛认知当代各种物质材质，以利于认识古人所用的各种材质。二是工艺，对于古今不同时期使用的不同手工或机械工具，在玉器本体上所留下来的不同加工痕迹的认识。同时，我们认为时间也属于一种能量，经历过岁月的物质也经历了一种能量的盘磨，这种能量的物质转换也会在玉器上留下可以深刻意会的痕迹。三是玉器的年代，通过各个历史时期使用的不同工艺以及不同的花纹纹样来区别各自的年代特征。

　　多年来，通过在中国各地区的考古发掘工作，以及大范围的学术考察活动，使我们具有了行之有效的古玉鉴定能力。此次对本省出土玉器的调研工作为我们又增加了一次非常难得的系统把握古玉的机会。因此，诚挚感谢支持我们工作的各地玉器收藏单位和相关同仁。

2007年6月

李陈奇，男，1955年2月出生。1982年初吉林大学考古专业本科毕业。现任黑龙江省文物考古研究所所长、研究员。主要社会兼职：中国考古学会理事、中国社会科学院古代文明研究中心专家委员会委员、吉林大学边疆考古中心特聘教授、黑龙江大学历史系客座教授、黑龙江省文博学会副理事长兼秘书长、黑龙江省第九届政协委员。

长期从事田野考古发掘及研究，主持渤海上京城、金上京城、阿城刘秀屯金代大型宫殿基址等多项国家重点项目。发表《河口与振兴》、《平洋墓葬》等三部专著和论文40余篇，先后五次荣获黑龙江省社会科学优秀科研成果奖。

2002年，荣获"全国十大考古新发现"奖；2005年，荣获"全国优秀考古工地奖"；2004年，荣获国务院颁发的"政府特殊津贴"。

赵评春，男，1955年5月出生于哈尔滨。本科学历，现为黑龙江省文物考古研究所研究员。

本人早在青少年时期有志于学，曾先后得教益于先秦史学家刘起釪先生、中国历史地理学家史念海先生等大师指导。青年时期只身前往汉唐西域一带从事沙漠探险考察，发现玉门帛书等，获显著成果。长期从事历史时期考古研究，并潜心研究古代玉器鉴定。先后负责阿城金齐国王墓（已列入《中华人民共和国重大考古发现》典籍）、渤海国王陵区（获1991年全国十大考古新发现）、都兰吐蕃墓葬、绥滨奥里米城、三峡库区考古、金上京朝日殿（又称"刘秀屯金代大型宫殿基址"，获2002年全国十大考古新发现）等考古发掘研究；以及中国音乐文物四川与河北等地的调研、金长城全线考察、黑龙江各地考古调查、文物鉴定等工作。

出版学术专著有《金代服饰——金齐国王墓出土服饰研究》、《金代丝织艺术——古代金锦与丝织专题考释》，先后被著名考古学家俞伟超先生与林沄先生勉励为"填补金代服饰研究的空白"与"推进历史时期考古的发展"之作；《中国出土玉器全集》副主编；发表学术论文数十篇。先后四次获得黑龙江省优秀社会科学成果奖等，相关四项考古发掘成果获建国以来黑龙江省十大考古发现奖。2006年被评为全国文物保护工作先进个人。

图书在版编目（CIP）数据

黑龙江古代玉器 /李陈奇，赵评春著；黑龙江省文物考古研究所编.
－北京：文物出版社，2008.6
ISBN 978-7-5010-2178-9

Ⅰ.黑... Ⅱ.①李...②赵...③黑... Ⅲ.古玉器-黑龙江省-图录

Ⅳ.K876.82

中国版本图书馆CIP数据核字（2007）第042797号

黑 龙 江 古 代 玉 器

黑龙江省文物考古研究所 李陈奇　赵评春 / 著

封面设计	程星涛
装帧设计	解金兰　袁震宁
责任印制	梁秋卉
责任编辑	王　霞

出版发行　文物出版社

地　　址　北京东直门内北小街2号楼　　邮编 100007

网　　址　http://www.wenwu.com

邮　　箱　E-mail:web@wenwu.com

制版印刷　北京圣彩虹制版印刷技术有限公司

经　　销　新华书店

开　　本　889×1194毫米 1/16

印　　张　14.5

版　　次　2008年6月第1版

印　　次　2008年6月第1次印刷

定　　价　220.00元